民国ABC丛书

教育史
ABC

李浩吾　著

知识产权出版社

全国百佳图书出版单位

图书在版编目（CIP）数据

教育史ABC / 李浩吾著. — 北京：知识产权出版社，2017.1
（民国ABC丛书 / 徐蔚南等主编）

ISBN 978-7-5130-4655-8

Ⅰ.①教… Ⅱ.①李… Ⅲ.①教育史—世界 Ⅳ.①G519

中国版本图书馆CIP数据核字（2017）第042921号

责任编辑：王颖超   责任校对：潘凤越
封面设计：**SUN**工作室   责任出版：刘译文

教育史ABC

李浩吾　著

出版发行：知识产权出版社有限责任公司	网　址：http://www.ipph.cn
社　址：北京市海淀区西外太平庄55号	邮　编：100081
责编电话：010-82000860 转 8655	责编邮箱：wangyingchao@cnipr.com
发行电话：010-82000860 转 8101/8102	发行传真：010-82000893/ 82005070
印　刷：北京科信印刷有限公司	经　销：各大网上书店、新华书店及相关专业书店
开　本：880mm×1230mm　1/32	印　张：7
版　次：2017 年 1 月第 1 版	印　次：2017 年 1 月第 1 次印刷
字　数：80 千字	定　价：28.00 元

ISBN 978-7-5130-4655-8

再版前言

民国时期是我国近现代史上非常独特的一个历史阶段，这段时期的一个重要特点是：一方面，旧的各种事物在逐渐崩塌，而新的各种事物正在悄然生长；另一方面，旧的各种事物还有其顽固的生命力，而新的各种事物在不断适应中国的土壤中艰难生长。简单地说，新旧杂陈，中西冲撞，名家云集，新秀辈出，这是当时的中国社会在思想、文化和学术等各方面的一个最为显著的特点。为了向今天的人们展示一个更为真实的民国，为了将民国文化的精髓更全面地保存下来，本社此次选择了世界书局于1928~1933年间出版发行的 ABC 丛书进行整理再版，以飨读者。

　　世界书局的这套 ABC 丛书由徐蔚南主编，当时所宣扬的丛书宗旨主要是两个方面：第一，"要把各种学术通俗起来，普遍起来，使人人都有获得各种学术的机会，使人人都能找到各种学术的门径"；第二，"要使中学生、大学生得到一部有系统的优良的教科书或参考书"。因此，ABC 丛书在当时选择了文学、中国文学、西洋文学、童话神话、艺术、哲学、心理学、政治学、法律学、社会学、经济学、工商、教育、历史、地理、数学、科学、工程、路政、市政、演说、卫生、体育、军事等 24 个门类的基础入门书籍，每个作者都是当时各个领域的知名学者，如茅盾、丰子恺、吴静山、谢六逸、张若谷等，每种图书均用短小精悍的篇幅，以深入浅出的语言，向当时中国的普通民众介绍和宣传各个学科的知识要义。这套丛书不仅对当时的普通读者具有积极的启蒙意义，其中的许多知识性内容和基本观点，即使现在也没有过时，仍具有重要的参考价值，因此也非常适合今天的大众读者阅读和参考。

本社此次对这套丛书的整理再版，将原来繁体竖排转化为简体横排形式，基本保持了原书语言文字的民国风貌，仅对部分标点、格式进行规范和调整，对原书存在的语言文字或知识性错误，以及一些观点变化等，以"编者注"的形式加以标注，以便于今天的读者阅读。希望各位读者在阅读本丛书之后，一方面能够对民国时期的思想文化有一个更加系统、深刻的了解，另一方面也能够为自己的书橱增添一份用于了解各个学科知识要义的不可或缺的日常读物。

知识产权出版社

2016 年 11 月

ABC 丛书发刊旨趣

徐蔚南

西文 ABC 一语的解释，就是各种学术的阶梯和纲领。西洋一种学术都有一种 ABC，例如相对论便有英国当代大哲学家罗素出来编辑一本《相对论 ABC》，进化论便有《进化论 ABC》，心理学便有《心理学 ABC》。我们现在发刊这部 ABC 丛书有两种目的：

第一，正如西洋 ABC 书籍一样，就是我们要把各种学术通俗起来，普遍起来，使人人都有获得各种学术的机会，使人人都能找到各种学术的门径。我们要把各种学术从智识阶级的掌握中解放出来，散遍给全体民众。

ABC 丛书是通俗的大学教育，是新智识的泉源。

第二，我们要使中学生、大学生得到一部有系统的优良的教科书或参考书。我们知道近年来青年们对于一切学术都想去下一番工夫，可是没有适宜的书籍来启发他们的兴趣，以致他们求智的勇气都消失了。这部 ABC 丛书，每册都写得非常浅显而且有味，青年们看时，绝不会感到一点疲倦，所以不特可以启发他们的智识欲，并且可以使他们于极经济的时间内收到很大的效果。ABC 丛书是讲堂里实用的教本，是学生必办的参考书。

我们为要达到上述的两重目的，特约海内当代闻名的科学家、文学家、艺术家以及力学的专门研究者来编这部丛书。

现在这部 ABC 丛书一本一本的出版了，我们就把发刊这部丛书的旨趣写出来，海内明达之士幸进而教之！

一九二八，六，二九

例　言

本书因限于页数，未能详细叙述教育事实或思潮之全体或其一部。作者的用意只想供给一般人以教育史的常识和供给初学者以正确地研究教育史的门径。

作者之教育史的见地，自信颇与一般编教育史者不同，这在本书绪论中要说及。故本书之性质内容乃至体裁都与一般所称为教育史教科书者相异。深望读者注意于此。

本书是世界教育史的性质，故对于中国教育史不特别多讲。

作者视教育事业自有其所根据的历史背

景（经济关系及政治关系），本书于说明教育事业之变迁发达，常要述及当时代的社会环境者即为此故。

作者觉得要编一部完善的近真的教育史，实不是件易事。既须熟悉社会进化的过程，历史变迁的事实，又须熟悉教育制度与教育思想的内容及其发生变革的真意；而更重要的，尤在注意教育实质行动之如何存在。然惟这一最重要之点，独少可供参考之文献，因此，一般教育史便只好从古希腊说起，而所说者还只限于支配者方面的教育事实，所以难免为偏颇的不真实的教育史。

作者虽想本新见地，试编近于真的教育史，但自觉心有余而力不足，错误所在，不能不望于有识者的指正。

一九二八年十一月十四日作者于日本

目　录

1

目 录 ‖

01

Chapter
第一章

绪　论

第一章 绪 论 ‖

一、何谓教育史

　　谁不知道教育史是教育的历史？更详细些说：教育史便是以叙述教育的事实及思想（即所谓实际及理论）之变迁发达为目的者。故凡称为详尽的教育史书，必要对于教育事实之变迁发达分为教育的事实、教育者的活动与教育制度法规等等详为记载，再要对于教育的思想学说即所谓理论者，广为记录，或更加以评论。为此，更有偏重前者，而即以教育史命名的；也有偏重后者，则以教育学史或教育学说史、教育思想史命名。一般编教育史乃至读教育史的，无论其为广义或狭义，都不外乎本此种见解以下笔或着眼。

说教育史"叙述"或"阐明"所谓教育事实及教育理论的发达变迁，固然不算错误。然而我们要知道教育史决不单是留下教育事实的形迹者，教育史决不单是追溯教育上诸英雄诸伟人的行状者，教育史也决不单是记录教育思想的派别者。除这种种要素以外，教育史实尚有更根本更重大的任务。

二、教育史的任务

教育史所具更根本更重大的任务，可说有以下几点：

（甲）教育之意义与目的怎样变迁？

（乙）教育思想变迁的真义与教育制度变迁的根据何在？

（丙）支配阶级与被支配阶级在教育上之关系何如？

一本教育史，为对于上述几个问题没有答复，那么不管它是如何详尽地"叙述"甚或"阐明"，所谓教育理论与事实，终不能说是公平，合理。这样的书就常不免为曲解，偏颇，且带有欺蒙的作用。质言之，即不成为真正之教育史。

三、教育的意义与教育学者

试就对教育之意义这个大问题，看一般教育学者如何对付，作为例子来说明一下。

在教育史上来讲教育的意义及其变迁，本来也出乎一般编教育史乃至读教育史者的"常识"之外；他们以为这是教育学的任务，惟教育学家才需也才配处置这个问题。但这是已经被矫揉造作过的"常识"，在教育史上不讲它，而让教育学来承受这项任务：这便有点学者之"御用"在内。

且看教育学家怎样处置这一问题。原来教育学是由号称教育理论家或教育哲学家的人所"编制"的。因为他们具有"高深的理论"，懂得玄妙的哲学，所以在教育学上的命意措词，也必求其高洁玄妙，凡平凡通俗的见解字样，自该避去。他们先把为"万物之灵"的人类从一般生物区别出来；再把教育事实限制在学校门墙之内，而学校是"重地，闲人莫入"的；然后他们安住在这一"无风带"中，来吟味教育的哲学，推敲教育的理论；更令人可佩的，还热望把教育学"化成"科学，务必把教育学的学术地位抬高。独对于有许多儿童进不得"学校重地"；有许多穷人永尝不到"教育妙味"；更有许多人虽已领得毕业执照，被送往劳动市场，然而如何落局，可都和他们不生干系。——其实，教育之不普及，自人类历史走入文明时期以来，即已如此。如孟子要"得天下英才而教育之"；孔子虽说"有教无类"，但既主张"民可使由之，不可使知之"，可见他的"教"着实有"类"。

所以他们讲教育的意义，只有什么"引出""导出"或"示范""助长"等字义的敷衍，和"完全人格""调和发达"等观念的解释；从没有对人类教育之本义及有史以来教育意义之变迁下明了切实的答复的。

实则只要从生物界之教育事实一看，便可见出教育之根本意义及其目的，原不外于生活之维持与种族之保存。在人类社会之长期的氏族制度时代，也复如此。但自氏族制度破坏，国家制度出现以后，教育之意义与作用，就跟着变动，自有学者会有意或无意地把教育装成"合式"的门面，叫人看起来很是冠冕堂皇似的。试翻阅现在通行的教育史书，大都从所谓文明期开始——从希腊罗马开始；而这时期是上述教育之根本原则已经变更的时期。在人类长期的进化历程上，这一根本原则是如何被维持与受变革，本是教育史所该发见❶的一个重大任务；但是一般所谓学者似是盲了眼，不是把它们置之不论，便是另外"编造"理由。为什么要这样"讳言"或"编造"呢？只为了彻底论述之后，会与当代的支配者便有不利之故。

四、教育意义的变迁

氏族制度与社会

原来在历史上，教育之意义是这样变迁的。

---

❶ 同"发现"。——编者注

第一章　绪　论 ‖

　　人类之过去，约有十之九的大部分是可称为氏族制度之时代，即原始共产生活时代。在氏族制度的社会，生产以社会之必要为目标，消费以满足各人之需要为原则。即生产不以买卖赚钱为目的，消费以人人满足为理想。换言之，大家劳动，大家消费。在同一时代同一社会中而有不劳而获与劳而还饿的两种人并存的事实，在这个氏族时代的人看来，简直是绝对不可理解的谜；他们的子孙要为此谜而遍尝悲痛，也决非他们所得梦想。这种共动共乐的社会之道德，是怎样的与今日的社会之道德有别，自然不难想象。

　　他们的教育，无待言，自不外于所谓"种族保存"之生物学的目的。在氏族制度时代，除由一代向下代传授社会的遗产之外，别无何种意味；即除"个体维持与种族保存"之目的以外，更无他种教育目的。当代的人一面利用从前代所传下的精神的及物质的之遗产，一面更加上新的经验与发明，以传给后一代。所以这不是个人的事情，而是社会的事情。

然在人类之社会中，自私有财产者发生，并且逐渐发达，于是人类全体之生活，遂现出根本的差异。

私有制与教育

私有制既经发达，必然有拥护这个私有财产之道德跟着发生发达。从来除单纯的生物学目的以外不另有目的的教育，一到这里，也便将拥护私有财产之新道德加入，要传授给后代，叫他们负担这一项新的任务。至于这种新道德是否与人类全体之幸福或利益相一致，是与"教育"不相关的。由是为教育本来任务的"种族保存"，渐次丧失其意义。

第一章 绪 论 ‖

在氏族制度的社会，各人于才能上虽有差异，但生存之权利是平等的。然私有财产发生以后，遂生出各人私有财产之差别。私有多者与私有少者，在生存上之权利也不相平等。一方是"朱门酒肉臭"，他方是"路有冻死人"。这样所有少者或全然没有者，不得不屈服于所有多者。后者就握有前者的"生杀与夺之权"。在此种社会中，适于所有多者之道德，渐加发达，教育就成为向下代传授这种新道德的工具。

国家制度之发生与教育

私有财产之差异，终于破坏了平和的原始社会之组织；即单一平等的社会，竟分裂为富者与贫者。这一分裂即为从来的"秩序"之破坏，于是不断的扰攘因此发生。为在表面上掩饰这一扰攘，缓和贫富间之冲突以便合法的保有财产，自有造成新的"秩序"之必要；国家制度即由此建立。

说句比喻，国家是建立在原始社会之废墟上的回旋舞台。这一回旋舞台仅不过约在四千多年前造成，到了今日已经几次回旋了。但在任何个 [①] 舞台面上，台柱子终是"所有多者"，"跑龙套"终是"所有少者"及"无所有者"。而所谓"教育"这条鞭，终被握在台柱子手里，以之驱策指挥"跑龙套"用的。

古代——舞台而为希腊及罗马之时代，台柱子是贵族，"跑龙套"是奴隶。这个时代之教育，在确证并赞美为台柱子的贵族之优越与使做"跑龙套"的奴隶感到自己的卑微与暴弃。贵族们相信自己来得特别高贵，视奴隶为非相同的人类。他们榨取奴隶之劳动，以筑成豪奢的生活。教育之任务便在使这一事实为合法化。

---

① 疑漏了"一"字，应为"一个"。——编者注

第一章 绪 论 ‖

中世——舞台回转而至中世纪，台柱子是封建诸侯与僧侣，"跑龙套"则为农奴。诸侯与僧侣高居农奴之上，教育任务在使农奴永不醒目，过土拨鼠的生活。基督教利用上帝的名义说善良的土拨鼠死后可升天国。

近代——舞台更回转而至近代，这里资本家做了台柱子，平民成为"跑龙套"。在这个舞台上，自然一切背景、服式，乃至说白等等，全为台柱子而设置。所谓教育者自也不外乎使台柱子的表演愈加有声有色而已。

教育意义变迁之大概

故若注意在人类进化历程上的教育之历史，可知最初教育之起原❶，实为帮助生活；其作用只是一种用以维持生活之手段。但因历史的进展，教育意义大有变迁。变迁的大概可说如下：

❶ 同"起源"。——编者注

第一，在氏族制度时代之教育，是为种族之维持发展，由一代向次代传下物质的及精神的之社会的遗产，完全是生物学的目的。

第二，当私有财产制勃兴时代，社会分裂，从而教育于生物学的目的之外，加上当作支配工具的目的。

第三，当私有财产制已经发达之后，教育之目的遂变为忽视第一义而重视第二义。

从希腊罗马开始的教育史，就是以第三项相终始的。这种教育一直迄于今日还未告终。故一般所谓学者之不信教育意义目的在乎"种族保存"，也是势所必然。他们虽不必全属生成的"御用学者"，但因种种的感染，很容易发生附会和曲解；于是他们编的教育史自也不得不成为偏颇，不公平，甚至包藏欺蒙的作用。

五、两种的教育

再有一点为研究教育史者要注意的,即教育制度之组成与教育行动之存在为两种事实。这个区别,在文明社会如此,在原始社会也如此。在南洋之野蛮部落中,有为训育青年所设之大家屋——西洋之研究者称之为 Club house——所定之割礼及 intiation(加入式):这种体制可称为有组织的教育制度;然同时在这社会,虽未随时随地组成此种制度,但于日常生活之间自有种种社会的生活行动在非正式地互相传习:这就是所谓教育之实质的存在。至在文明社会,中世纪之前,当作实质行动之教育还比当作组织制度之教育占得重要的部分,国家阶级及教会阶级以外的最大多数人之教育,完全是由实质的行动的,徒弟制度或者是有组织之惟一制度;但这种组织实不改变教育行动之实质,不过有如一种学校的规则，却并不影响于学科之内容。因之在徒弟制度上，教育之实质仍属于行动而未被组织，也即由此得以产生精巧的中世工艺品。又如在此以前的希腊社会，是由市民和数倍于市民的奴隶所成；而一切社会的生活资料之生产以至一切工艺技术，凡属生产意味之肉体的乃至心的劳动，莫不由奴隶担负。故实际上除普通教育史所记载的完成希腊国家阶级之军事的文事的支配生活或市民的闲暇生活之教育制度以外，尚有"无意识的"行于奴隶间以完成"社会"所必要的生产上之肉体的乃至心的劳动生活之教育行动。那具体地发挥希腊人审美感之建筑雕刻等等，全为奴隶之"教育"所产生者。这种"教育"自以实质的效果为目的，为当时"社会"的生活所要求。——只不过那种效果已不是纯粹的"生物学"的要求，那个社会也不为奴隶们所有而已。——然通常教育史当作希腊教育

第一章 绪 论 ‖

所记载之事实，却止于市民国家的阶级之教育。这个原因，一方面固然也许由于文献的资料之缺少——即一般教育史之所以开始于希腊罗马者也以此为一理由。——但他方面实因编者站于支配者之立场，误认有组织的教育制度即特定的为国家机关所统制的教育是教育，而把完成那支持社会生活——非支配生活——的人间行动之教育忘怀或被遮视之故。原来自古以来，支配者视自己的阶段即为社会全体；虽说社会生活，实乃自己阶段的生活；虽说社会教育或文化，实乃自己阶段的教育或文化，文明愈进步，这种外套盖得愈厚，甚至说压迫是为了被压迫者之幸福。而"御用学者"常常是认支配者的观念，又哪得不把支配者的教育史即当作全人类全社会的教育史呢？

02

先史时代的教育

一、先史时代的文化阶段

《古代社会》的著者摩尔根（Ancient Society，or Researches in the Lines of Human Progress from Savagery through Barbarism to Civilization. By Lewis H.Morgan，1877）分先史时代，即历史以前的时代为野蛮、未开化及文明之三大时期，前面二期为至第三期之过渡期。又依据生产力——生活资料获得手段之发达程度，把前面二期各分为上中下三段：野蛮的下段为人类之婴孩期，即为由动物到人类的过渡期，明晰的言语在这期内形成；它的中段是始于火之使用；上段则始于弓矢之发明。未开化的下段由制陶器术的应用开始，中段由家畜的驯养与食用植物的栽培开始，上段则起于铁矿的熔解与田野的耕作，文字的发明以及它的被利用为文献的纪录，且由此以入于文明期。英雄时代的希腊人，比罗马建设稍前的意大利诸种族，塔西佗所记述的日耳曼人，海贼时代的诺曼人，皆属于未开化的上段。

要之，生产之技术决定人类征服自然界之程度：野蛮为采取天然物之时代，未开化为牧畜及耕作之时代，而文明则为更进步的产业及技术之时代。人类自有牧畜及植物栽培之发明与铁之发见，劳动力为之急速增加，足以生产为维持自身所必要以上的生产物，且所蓄之富不归于团体而归于个人，于是发生私有财产。故这二事实成就了人类生活上所未曾有的大革命：就是从此以后私有财产制度成立了。我们的教育史，也随此以变迁。

二、氏族时代的教育

在血族关系的基础上所建立的社会组织是不知有所谓国家的氏族制度之社会组织。这种组织虽极幼稚而单纯，但实为至足惊异之组织：无军队也无警察，无国家也无贵族，无法庭也无监狱，然而一切事情都在秩序井然地进行。在这个社会中，穷人不得有，奴隶也不得有；一切人皆表现极公正极威严极勇敢的人格。

这时期最堪注目者为女权之优越。野蛮时代是行的群婚制，父子关系未能明了，故社会必然地成为母系制度。当作血族团体的氏族制度也即为母系制度。未开化时代是行的偶婚制（自由的一夫一妇），父子关系虽得明了，但子仍附于母，故在未开化时代的氏族制，女子的地位还是极高。

氏族制度之自由社会是极可欣慕的。兹录摩尔根所观察的易洛魁人（塞奈卡族）之生活状态如下：这一种族由采用狼、熊、龟等动物名之八个氏族所成立。（1）各氏族选举平时之酋长与战时之军长，选举由于男女全体的投票行之。酋长的权力不过是家长的道德的权力，军长仅对于战争有若干命令权。（2）氏族得自由罢免酋长及军长，一旦被罢免之后，就不过是个私人，是个兵士。（3）任何人不许在氏族内结婚。（4）男子死后，所遗财物归他的兄弟姊妹及母之兄弟分配；女子死后，由她的子女和姊妹继承。夫妇不相互继承，子也不由父继承。（5）氏族负相互扶助保护及对异族侵害之复仇予以援助之义务。（6）氏族有共同墓地。（7）氏族可收容异族人为养子。（8）氏族有评议会，评议会为氏族之最高权力，是成年男女全体之民主的集会。要之，他们的氏制度❶

---

❶ 应为"氏族制度"。——编者注

是自由平等友爱之兄弟关系。

　　故氏族社会中的教育，就内容言，一定专属获得每日生活资料（猎兽捕鱼）所需的本领与保护全氏族安全所需的资格（如尽力劳动，听从长老）。就方法言，在平时是从实际生活中的模仿与由习俗以学习；到一定年龄则受长老正式的"教育"（如上述之割礼及加入式是），其时往往须经过很艰苦的试炼。就目的言，全为氏族全体的利益，无所谓个人或自由的教育。而母亲与酋长大都就算为当时的教师；还有，女子地位极高，自更无重男轻女与"男女分学"的事情发生。

三、历史的进展与教育

　　但在这种氏族制度之下，生产力渐渐发展，人类之历史已于初期文明的黎明以前，结束长期间的氏族制之时代（假定人类的全历史为 5 万年，那么，怕有 45000 年是属于这个时代），而开始新的社会之关系与形态。这个关系与形态便是继续已约 5000 年之久的私有财产与国家之社会制度。

原来在母系制时代，男子完全受女子的支配。等到牧畜与农业逐渐发达，家畜之数愈增，农园与牧场益广，男子以从事防卫异种族之侵掠的战争代替从前的渔猎为主要的任务；又因战争的胜利，把俘虏开始利用为奴隶，以促进生产力；从而将仅仅支配一家的女子之势力渐次压倒，终于连妻所有的家屋也并吞为己有；更为获得可让财产的"自己的男儿"起见，开始要求妻之绝对的贞操。于是父系制度代母系制度而起。在父权下的女子之地位，与家畜农地家屋同为男子财产之一部分。所谓"在家从父，出家从夫，夫死从子"的中国古训，当是始于此时。这个便是私有财产制之文明时代，奴隶制度已经出世。——在男子的奴隶存在以前，女子早陷于奴隶状态了。

一切社会的隶属与压制皆由被压制者对压制者之经济的隶属而起。父权制度之确立，即为所有阶级对于无所有阶级的支配权之掌握；而母权制度之颠覆，实为人类史上最初之社会变革。自后——在私有财产存在之限度内——世界一切的历史是属于同型的种种样样之阶级支配之历史。从私有财产发生，社会阶级分成以后，人类在原始社会所有的平等友爱与协作只成为神话上的名词。女子不得脱离男子之支配，今犹依然如故。

人类历史自母权制度消灭，即氏族制度崩坏，进入于文明期，在教育史上，也发生了大变革。那就是女子不惟从此不得与男子

"同学"，须受差别的教育；简直要趋于"绝学"，而与教育离缘。支配者有闲暇可受文雅的教育，至于奴隶们则只许劳动，不必识字读书；由此把劳动与教育截然分途，即把实践与理论开始隔离。本来有生存权者，都可平等享受教育；如今则所有者独占教育的特权，无所有者无生活权也无教育权。为所有者所独占的教育，就带有贵族性，是装饰品而非必需品。即对平民所施的教育，也非与平民自身实际生活的需要相应。故在教育目的上，不复是单纯的生物学的目的，而是拥护私有财产。原来自氏族制度被财产私有制度崩坏以后，所有者的支配阶级不能不要求一种适应新的经济组织之新的政治形态。于是由地域与财产所连系的阶级支配之国家制度产生。且须用强制与权力以统一社会。教育上自也不得不有相应的改变。这样，在约四五千年以前，当世上人类之历史初现曙光时，我们已有阶级国家；教育的径路便也循此前进。

四、宗教与教育

我们顺便把宗教与教育的姻缘，在此附说几句。

原始人类所受于自然之威吓——如风雨雷电烈日寒冻以及嗜食人肉的猛兽——非常之大。他们对于此种在身外的不可见的莫大之力量，自然感到恐惧。故宗教的表象最初不过是起于自然界诸力所及于人类头脑之幻想的反映。然未几社会上之力——部族之长老及后来大家族之家长，在生产上作指导命令计划等的活动，于此发生政治的权力——与此种自然力相并，同认为不可抗的不能说明的大力，是同在支配人类的，于是在隶属的人们间，生出灵魂或精灵之崇拜，把全自然神灵化；当初仅仅反映神秘的自然力之幻想，至此遂获得了社会的属性而为历史的力之代表者。这样，跟生产关系及政治关系所产生的宗教，也要跟着它们的变化以变化。

野蛮人之生活中，除共同劳动而外，还有宗教崇拜。部族之职能一部为社会的，又一部为宗教的。氏族之长兼行僧侣的职能。但后来社会生活复杂，分业发生，于是除从事劳动的生产者与尽力战争的军人以外，复有掌理眼所不能见的事项之僧侣。僧侣当作不可见之力量之中间人，因为他们的势力在乎得使其他一切人相信及于人事的不可见力量之影响，故他们为欲"预知将来"起见，不能不观察人事之进行，记录过去之经验。如斯，他们研究天文学及气象学，进而发见太阳、月，及星所及于季节之影响，又把影响常常推及于其他事项，故如占星学之似是而非的科学（Sueds-science）也得发生。

第二章　先史时代的教育

文字之发明为次于火之发见的未开化时代之最重大事件。一使技术可能，一使科学可能。最初的文字不是发音的，而是描写物象之绘画。绘画的文字以有注释者为必要，故职业的文字学者——德意志人所谓Schriftgelehrte——发生。他们与僧侣有密切的关系，不仅天文学及气象学上之事项，即历史上之事件也记录于石及砖之上，以后更保留咒文、祈祷文及法律与歌谣。此种记录在寺院附属的图书馆中慎重保存，当举行仪式时由文字学者诵读。故僧侣成为一切学问之保管者，寺院即算是学校。其结果教育便具有神学的性质。但知道了宗教的起源及其作用以后，我们就不难知道这种神学的教育到底有何种用意。

Chapter
第三章

03

古代的教育

第三章　古代的教育 ‖

——约自 6000 年前至 1500 年前之 4500 年间——

氏族制度之社会没落以后，人类就入于文明之社会。我们于此拟先循历史的渊源，把初期文明之四大中心——第一，中国；第二，印度；第三，米索不达米亚；第四，埃及——来考察；前二者合流而为东洋史，后二者合流而为西洋史；终于汇合为现代文化之干流。

一、中国及印度之东洋教育

先看中国。中国文明萌芽于黄河与长江二大流域间的大平原。在很古很古的时候，

怕有一种最原始的住定农业存在过；以后有由
西北来之游牧种族把原住蛮族征服，渐由北
方移向南方。他们似利用奴隶劳动，且在酋
长指挥之下，知道战争之进步的技术与组织。
在约 4500 年前，便于夏朝之世袭的皇帝之下，
确立集中的霸权，形成近于封建的国家制度
之型态。

中国的农业文化与夏商周三代的教育制度

因农业对气候及季节之关系非常密切，故
古代中国之文明，早使天文学发达，同时唤
起对于天体的恐怖遵崇之感情与宗教的观念。
皇帝自称为天子，祭天乞雨；又被学者颂扬为
"作之君，作之师"——中国人认家族为最高
之理想；古代中国的皇帝便似一个家长，兼
管政治与教育。政治即是祭祀，王即是神官，
而为政者即是学者。土木水利之技术，卜易

第三章 古代的教育 ||

医药之智识皆发达；工艺绘画建筑皆优秀；用象形文字刻于竹简的记录也已保有。

　　照群经所述，在夏商二代已有完备的学校制度，分国学乡校；"立学的要旨在使生徒明五伦之教，即所谓父子有亲，君臣有义，夫妇有别，长幼有序，朋友有信；所教学科则以礼乐为主，而兼及于书数。"到了周代，(约3000年前至2100年前)封建制度确立，诸侯受公侯伯子男之爵位；一般被支配人已分化为农工商之三者。教育上，"立教的宗旨在于化民成俗，掌教的官职在于大司徒，教科的纲要在于德行道艺，而施教的方法则在于礼乐政刑；这是周代教育的总纲。就学校而论，于乡有校，于州有序，于党有庠，于闾有塾，都是小学程度，儿童从八岁至十四岁得入此种学校，所授为普通的学科(礼乐射御书数的初步)；于国有学，天子曰辟雍，诸侯曰頖官❶，都是大学程度，王太子以及国家的俊秀，从十五岁至二十岁，得入此种学校，所授为礼乐诗书等高尚的学科。周时官师不分，凡百官司的所掌就是师儒的所教；如想习兵学则就大司马，想学农学则就遂人等是。女子教育据《内则》所述：女子七岁不与男子同席，十岁不出门，学婉顺服从的妇德，习蚕丝纺织等女工，又习酒浆、笾豆、烹饪、祭祖的礼节。十五始笄，二十始嫁。至于贵族女子，则有公官宗室之教。而女子教育的重要科目，为妇德，妇容，妇言，妇功。"❷

我们由此可见在文明时代的封建制度社会中，教育早已是男女差别，贵贱差别，贫富差别，不复是万人平等；换言之，即已不复有为人类全体——或者所谓"全民"的教育了。至教育内容，是重礼乐，而不及实际

---

❶ 又作"泮宫"。——编者注
❷ 系引用商务本范寿康编《教育史》。——原注

的社会的劳动；足见受教育的不从事劳动；反之，从事劳动的就不必受教育。这样，教育便和劳动分家，教育成为贵族与领主的专利与化妆品。至女子教育，果如《内则》所述，更是所谓"贤妻良母"之摇篮地，适为封建社会所要求者。然而根据自古相传的"女子无才便是德"，岂不就证明古代女子教育之"有若无"？

封建制度建筑于农业经济的基础之上。贵族与领主所要求于农民者是努力生产，安分守己，却并不需要什么知识，故尽可以限制教育的机会。至教育上之着重礼乐，不过藉以粉饰太平，显显"治人者"之优游，且以防止"治于人者"之"犯上作乱"，以期长享盛世之繁华而已。

孔子与老子

然而这种太平盛世，并不久长；在约

2500 年前，已有好战的游牧种族从西方侵入，威胁西周之王朝；在此后的 500 余年间，便是中央权力衰颓群雄割据抗争之乱世时代，即所谓春秋战国。当这"纲纪废弛，官师渐失所守"，而众庶苦于苛敛诛求之时，却产生"诸子百家之说"；其中最有影响者，为北方的孔子之儒学，南方老子之道教。前者是一种政治哲学，游说诸侯、高唱王道、谋普及孝弟忠信之德；至其末流，遂全化为曲学阿世，徒供权势之具。后者是一种宗教思想，崇尚自然，无视权威，往后以怀疑颓废的无为之教而终。在德卫生（Davidson，美国人）所著《世界教育思想史》中（第四章未开化人之教育）说：中国人虽满口道德，但实际是非常不道德，是伪善，虚荣心强，是奴隶根性，工于卑下的奸智（按即孔子之所谓乡愿）。中国莫说哲学，即连首尾一贯的神学也不得出，至多仅止于打算的反省之程度。中国之宗教

第三章　古代的教育 ||

差不多是野蛮的；所最夸称的伦理学，也不
出小心与礼节之程度以上。即在称为中国的
救世主，尊若神明的孔子之伦理学，便也如
此。这一段话，把封建社会的道德教育之内
幕可谓完全揭穿。试想想"威仪三百，礼仪
三千""揖让而争"的光景，真要算得"卑躬
屈节"到万分。谁还相信周代教育是以"养
成完全人格"为目的的教育，是"以德化民"
的"平民教育"？

秦始皇的焚书坑儒

　　在约 2100 余年前，秦始皇统一中国，
废封建制，力谋集权国家之确立；"鉴于周
末处士的横议，忧民间诋毁时政，于是把民
间所有诗书百家语，都烧毁净尽，又坑儒生
四百六十人于咸阳：这就是焚书坑儒之灾。"
但仍设博士，"人民愿学法令，又可以吏为师"。
故秦代的教育主旨，是在养成事君的官吏，

41

以巩固绝对的专制权力。对于平民，单就要苦役他们筑造万里长城一端而言，当然是与此等教育无缘的了。

汉代的重儒与利禄教育

在约 2100 年前至 1700 年前是汉朝的天下，当然还是厉行剥削平民的专制政治。"文帝之时，始置博士，然黄老盛行，儒术未昌。武帝退百家，崇儒术，于是中国遂为儒术独盛的国家。武帝既兴大学，立五经博士，置弟子五十人，又令天下郡国都立学校，教育一时大盛。昭帝则举贤良文学，增博士弟子百人。宣帝又增博士弟子员至二百人。元帝好儒，设员千人。成帝时，增太学弟子至三千人。光武营造太学，立五经博士。明帝亲到辟雍，正坐自讲。顺帝时，修理校舍，开拓房屋。质帝时，游学者愈多，加至三万余人。自党祸一兴，于是学校渐就衰颓。"（《范书》）

第三章 古代的教育 ||

这里可注意的,是儒家思想的"尊一"与以利禄为奖励学子的工具。这二者互相关连。儒家是以崇王室、讲孝弟忠信为教的。君王乃以利禄诱之,使学子不存异想,而腐心于训诂,正是一贯的政策。士人之倚附富贵,虽然由汉代始,却由汉代而确立。至于这种教育及于市民之影响,只有消极的作用。因为它是在厉行"民可使由之,不可使知之"的儒术。

现在试转眼来看印度。

印度之黎明与佛教

印度文明展布在干吉斯、印达斯两河沿岸的沃野中,自北方世界第一高原流来的水,滔滔不绝;在南海照耀着的太阳供给无穷的光与热;甘美的果树遍地繁生;谷物棉花自然长育;而且因喜马拉雅山脉与伊兰高地的自然屏障，得以深资保护：因为这样"得天独厚"，故民俗多趋于倦怠，梦想，乃至阴郁沉思。在约 4000 年前，便有从西北部侵入来的漂泊民族，把原在那里安住着的土人部落之农业文明征服了，散布于全印度而建设无数的酋长国家。他们自身原也带来一种漂泊种族之文明（是惯于爽快的风土与男性的活动的）；但住定后不久，受了被征服民之阴郁而沉思的宗教之影响，渐渐地陷于倦怠、过敏、半病的梦想之状态。经过 1500 年之后，终于产生释迦及其佛教。释迦的时代略与孔子及老子相同，他创始类似于老子思想的宗教，而把比孔子的教义更大的影响及于世界。

原始佛教本从古代印度之原始农业的胎内产生，其消极性与博爱性则为这时代社会关系之反映。惟在释迦时代（2500 年前）的印度社会，已经确立族籍制度：（1）婆罗门

第三章 古代的教育 ‖

为征服民族之支配阶级，出贵族、僧侣、学者，过梦幻饱满的享乐生活；（2）帝刹利与；（3）吠舍，为征服民族中之庶民，成于军人、地主、商人等阶级；（4）首佗罗，为被征服的农民、劳役者；（5）巴里，为人外的贱民。释迦本身是贵族，大概是一种放纵生活的反响，故当时颇有不少青年贵族放弃荣誉而去流浪苦行的。他的教义即以禁欲制我之个人的修养为要谛，显见是起于贵族的思想——因奴隶民虽有欲而只苦不得遂，且一切无权，更何有于我；又以灭却恶行，普渡众生，获得在涅槃之永久的安息为目标，故亦含有赎罪之意味。到了阿输迦王同秦始皇般完成全印度平定之大业以后，即利用佛教为征服民心之具；被压迫者是不懂玄奥的佛法的，他们既不能满足现世的生活，不获脱离现世的痛苦，就把佛教化为忍从逃避虚无厌世之信仰，更以地狱极乐，轮回应报之说来"聊以止渴充饥"。

印度的教育

古印度在佛教发生以前，原已有婆罗门教。僧侣阶级占有第一位置，重无为而轻蔑劳动。在上述五种阶级中，僧侣即属于第一种婆罗门。然婆罗门除出僧侣外，又出学者。教授一切学问（Veda 中译吠陀）及属于超自然的不可见之事项，为他们唯一的权利。这种学问是诵读古代国民的宗教赞美歌，诵读礼拜用之祈祷及咒文，及行使牺牲。此项学问对于雅利安人种（Aryan）之各阶级（即上述第一、第二、第三之三阶级）虽皆可授与；然对于被征服的奴隶民（即第四、第五之二阶级），完全禁止私用，若有犯禁，须受死刑。

形成印度教育及文学之一切基础的吠

陀，据说是由四种教本而成；首三种为对于
招神于牺性❶之飨宴的霍泰尔（Hotar）之立
格吠陀（Rig-Veda），对于呈献液汁及其他
供物的乌特加泰尔（Udgatar）之撒马吠陀
（Sâma-Veda）与对于作牺牲行为的阿德凡
尔尤（Adhvaryu）之雅朱耳吠陀（Yajui-
Veda）。此三种，凡主宰全体的婆罗门阶
级，皆当知道。但第四种之阿忒尔伐吠陀
（Atharva-Veda），与其说是教本，无宁说是
第二种阶级之吠陀，是记载家庭之礼拜、出生、
结婚、死亡、疾病等之规则的。依吠陀发生
时代的顺序，试检查其内容，可以推知由记
述自然力即火空风等之初期的牧羊歌以至最
深远而空虚的概念及法式之印度全思想发展
之径路。我们由此即得考察印度教育之最终
目的。

---

❶　应为"牺牲"。——编者注

教育之目的是因时代而变迁的。当游牧民族初入印度，军人阶级占有势力之古代教育多关于现世。惟住定后，开始受自然环境之影响，又染了被征服民阴郁而沉思的宗教之影响，于是来世问题变为他们主要之问题；视未可见之世界为实在的，可见之世界反是非实在的。此为轻现世的神秘主义与隐遁主义之起原，也为僧侣阶级爬上第一位置之由来。这样颓废的印度人，不惟相信灵魂不灭，且相信可以化身；要脱离轮回以得永生。救济之道，在劳作与沉思。劳作为心的平安、自制、克己、忍耐、沉着、诚实之六手段，又包含牺牲、布施、难行苦行、断食等之预备的实习；沉思为深思吠陀经典之语。

以上为婆罗门教之真髓。而佛教则是起于婆罗门教与古昔土著宗教相接触而受非常变化的地方。佛教妄想废弃贫富制度及雅利安人种与首陀罗之区别，故为婆罗门教所不容。虽然在阿输迦王时代曾经繁荣过一时，但到底敌不过根深蒂固的婆罗门教，所以在阿输迦王死后，随印度文明共遭衰运的佛教也只好出奔到中国日本去了。

故只要考察印度人之生活理想，可知印度教育之性质全然为伦理的，禁欲的；视现世为无价值，科学自然无由发达。佛教之自己修行虽足以助长同情、温良、忍耐等性，但失之于容易误解与过重。要之，佛教及婆罗门教，是"组织的倦怠之体系"，立于臆病的基础之上，而以无条件之懒惰为目的。故印度不能进于市民的文化阶段，只留在未开化状态，终于最初为回教徒，其后为耶教徒所容易征服。

现在且更转眼来看西方。

二、东地中海岸之西洋教育

这是从美索不达米亚及埃及之二流涌出，注入地中海，以创出今日之世界文明者。前者结果于的格里斯、幼发拉底斯两河四围的大草原，后者长育在尼罗河所纵贯的沃壤中。

美索不达米亚草原之巴比伦尼亚文化

塞姆族的巴比伦尼亚王国建设于 4500 年之前，文化尚未脱未开化状态。在先僧侣与俗人已显有区别（在塞姆族未来以前，其地原为条耳族所建之阿加第（Acadie）王国，设有世界最古之学校，由僧侣管理，凡是得求学问的唯一阶级即僧侣皆来出席。在未开化时代，僧侣与学者便是同义语。学校所教除文字外，又有历史、数学、天文学、医学，占卜；然一切限于僧侣阶级。故僧侣与俗人之区别为最显）。以后僧侣阶级愈占势力，他们原是条耳族，用条耳族语；军人阶级大部分是塞姆族，说塞姆族语。这种状态与中世纪欧罗巴相同：为中世纪惟一之知识库的僧侣使用一种言语，其他阶级则使用他种言语。其结果，宗教生活与通俗生活分离，纯粹的僧侣宗教发达。其宗教由仪式与神秘的教义而成，非一般人民所得理解；世界上如巴比伦尼亚所行公的迷信之多是没有的。但迷信也有二种：一为公开的，成于仪式与祈祷，人人皆得采用；一为奥义的，或为一种空想的哲学，与占星学有密切的关系，则为僧侣所独占。故巴比伦尼亚教育之性质，是僧侣的，在寺院及有关系的正则学校中教授。这种教育自以关于不可见者为主，但却包含不少科目，即读法、书法、算术、天文学、音乐、文学、言语学、建筑、绘画、雕刻、礼拜、占卜、医学、历史、地理学、自然科学及伦理学。文字为楔形文字，须有许多时间与耐心才能学会；世界最初的成文法典，即为用楔形文字写于砖上者。文学大部为宗教性质之抒情诗与叙事诗，富于壮烈之特色，对教育极有影响。世界最初的文法学者及词典编纂者，恐怕即为巴比伦尼亚人。世界最初的图书馆，也为他们所建立。文学为僧侣之职业，图书与纪录也为僧侣所掌管。伦理学与宗教大有关系，罪恶观念可说由他们开始。在他们看来，道德的懈怠与宗教的懈怠，或懈怠与罪恶之间并无区别。实则此乃条耳人种的僧侣对塞姆人种的兵士所施的手段，借以维持自己的权威的。

巴比伦尼亚之社会如何构成，虽不分明；但奴隶终是极多，女子也处于奴隶的境遇，视为情欲的工具，公然在市场卖买。故教育自然以男子且以僧侣为限。

尼罗河畔之埃及文化

埃及古王国之建立在5000年前，经1000年而至中王国。一想到在这期间所耸起的金字塔（是王之陵墓），叠石数百万方，高及数百尺，费时十余年，役使奴隶数万人，便可推知当时专制君王威势之大。王为最高神之代表，自称太阳之子，用神权以统治。助王之神政以从事于治国与学问者，为僧侣；再加上战士，便成为社会之支配者。其下为庶民大众，包含农工商牧等各层，和当作俘虏的纯粹被征服异民族之奴隶同为受支配被榨取之劳役者。

在埃及有用的技术甚为发达，除宏伟的土木建造物之外，有如测量几何、解剖医学之科学智识，如制纸织麻、灌溉排水之产业技巧；

文字由绘画的状态进于音符的状态；书籍有关于天文学、农业、政治、伦理学、医学等多方面的。又对于文字学者、音乐师、建筑家、数学者及天文学者，设有基本学校。故当时的教育虽主要尚在僧侣之中，但在某时期，文字之术也应用于俗人间了。

世界最古之书称为"Ptah-hotep"之道德格言集，其影响甚为广大而永远。埃及的道德是与中国道德同为实践的打算的。实在埃及之教育就全体言也是实践的与职业的，其目的便在获得现世之满足与保证来世之平安。惟在埃及的女子，与在一般条耳民族诸国的相同，得享教育之利益，在社会及国家上可占自由与有名誉的地位。

古代海洋国民菲尼基的文化

菲尼基人是古代的海洋国民，在 3000 年

第三章　古代的教育 ‖

前已于地中海沿岸设有殖民市，普及东方先进的文化，传播西方未知的物产，于人类社会之进化史上极有贡献。他们又发明航海学及音符文字，使用阿拉伯数字以作簿记。

奴隶之后裔犹太的教育

4000 年前漂泊到埃及的一部分希伯来人，因不堪埃及王残酷的压制与课役，遂由摩西领导，回归阿拉伯的旷野。其后至约 3000 年前，创立希伯来王国，以后又分裂出犹太国来。至 2500 年前，国王在僧侣与预言者联合的势力之下，发布法典，使预言者实行。后来法典加上其他要素，成为"法律"（Torah，摩西之五经，即旧约之前五卷）作成新制度之基础。预言者之地位，也由经典学者（Sopherim）起而代之。经典学者与各种犹太人教会联络，专为"法律"之保存、解释与教授。因此有教会学校出现，对于犹太人之宗教的及道德的文化大有贡献。然同时也使犹太人堕于法律上之形式主义，趋于独断、排他与狂信。经典解释之结果，载于犹太传经（Talmud）中。这种传经是数百年间犹太人生活及学问之基础。教授用对话的方法，在学校中师生皆不带教科书，惟凭记忆。学校一般所准备的教育，性质上差不多全是宗教的。其课业大都为暗诵圣书的歌句与作成"口述的法律"（halacha）之教师的训语。他们最讲究记忆法，同时使用种种感官以求印象之深刻。无论是视觉的、听觉的、筋肉的记忆，皆所要求。故学生对于学课，须为不断的反复；更用种种手段以唤起兴味，集中注意。他们的这种奖励记忆的教育方法，实由亚历山大利亚的犹太学校移于基督教徒之"问答教授学校"，然后再传于中世纪及近代之学校。

在耶路撒冷破灭后不久，即在各市乡为

六岁以上儿童设置学校，强制儿童出席。此等学校虽设于露天，但极为重视。在传经中说："无学校及学校儿童之处，应该毁灭"，此可见犹太人对于教育之态度。

因犹太人的教育是宗教的，道德的，故教师之性格与学生之礼法，极为重视。学生以中庸、自重、忍耐三者为美德；教师则与学生发生亲密的关系以研究其个性。

犹太教育之缺点在偏狭、形式主义、反乎科学。但所及于犹太人之影响，如使犹太人团结，使他们于 2000 年间得耐未曾有的争斗，虽至今日尚产生许多有名学者，都要算是伟大的。

统一王国波斯的教育

波斯王国建设在 2500 年前，西越小亚细亚，东掠印度边境，一时威势震撼欧亚。在文化上，因专制形式的政府与世袭的僧职，阻止波斯人进于市民的文化状态。但他们的教育，倒是军国的，或武士的，而不是僧侣的。因他们虽与印度人同为雅利安人种，但一因不受如印度气候之使人衰弱的影响，二因与塞姆族（是好战的游牧民族）混合，故二者之间大相差异。由于前一原因，故军人阶级比僧侣阶级保有优越的地位；由于后一原因，故宗教趋于一神教而不趋于泛神教。他们所奉为代表光明与善之力的神 Ahura Mazda 即为军人阶级之神，便是塞姆族化的雅利安人之神。又波斯男性尚战争时的勇气外，又贵有多数的孩子。对于自五岁至二十岁的孩子，仅仅教以马术、射术与正直之三事。孩子在五岁以前不见父面，在妇人房中过活。其用意在孩子如果夭折，可不使父悲伤。

三、希腊的教育

希腊奴隶社会之文化

在距今3000年前,有称为赫伦（Hellen）的一民族移住到巴尔干半岛之南端，形成族长的小社会，创立分立联盟的希腊之诸都市国家。原来当希腊人出现在历史上时，恰正站在文明时代之入口。父权制度已经确立，开始世袭贵族与王政之萌芽，重视私有财产之神圣，终于发见了给所有阶级以榨取无所有阶级的权利之制度：那就是国家。

希腊人中的雅典人，因从事商业、贸易、航海等事，发生氏族员之大离居；同时，奴隶数增加，异种族人口也增加。于是在雅典设立中央行政机关，把各族融合为一国民。其时全国民分为贵族、农民与职工之三阶级，惟贵族得独占官职。氏族制度固已破坏了。

在这个贵族支配之下，一方有商品、货币、高利等之发达，他方即有国家之发达。幼稚的国家最先必需的，便是自己的武力。原来国家之本质的特征，就在从国民大众分离的公的强制力。以仅仅九万的雅典市民要镇压36万的奴隶，自非有贵族之公的权力即雅典民主国之国民军不可。又为镇压市民计，另设有警察力。

雅典靠优秀的海军力，战胜波斯，夺得东部地中海及黑海沿岸一带之水上贸易全权，国势顿然增大，莫大的富流入其地。赫伦文明的光辉，实为从雅典商人财囊中的黄金所放射者。

雅典在波斯战役以前，早已废除王政

第三章 古代的教育

（2900年前）宣布以市民之平等主权为基础之民主共和政体。这种政制，实为源于通商发达与货币增加的新经济条件之新政治组织，在指挥无数雅典商船的富豪之怀中，正藏有夺取王之专制权力而分配之于全市民的不可思议的魔力。故当时的阶级别，已不复是贵族与平民，而是奴隶与自由民、异族民与市民之对立。自由民得享受国家经济的及智识的繁荣之幸福。然而筑成全希腊文明之基础的无数奴隶，却被剥夺了一切的权利与自由，在无情的榨取与压制之下，为连日热中于阿灵辟克❶之竞技，消闲于艺术与娱乐的主人们，生产一切的生活资料；又在洪涛上的军舰与商船中，负担将世界之富搬至雅典之苦役，忍耐着种种虐待，以偷活于世。

然雅典的富集中于少数人之手，虽是一

---

❶ 今译为"奥林匹克"。——编者注

般自由市民也难免穷乏之苦。穷乏的自由市民不堪与奴隶竞争，反趋于灭亡之路。故赫伦文明，无论表面上见有贝壳投票公民会议等的制度、剧场图书馆等的设备、哲学工艺文学美术等的发达以及许多哲学者及艺术家之辈出，但到底能实际受惠的也只有 9 万人中的一小部分而已。

在此种社会环境之下，希腊人的教育，自然也以自由市民为限。现在讲希腊的教育，从时代上言，实可分前后二大时期。前期的教育始于 3000 年前，其性质，不脱军事与宗教之二大性质。前者是体操教育，为养成作战适用的体格，以后变为五艺。后者是音乐教育，即为神前适用之舞蹈、歌唱。读、写、算等纯是私人的事情，不占教育上的地位。但至约 2300 年前即西历纪元前 4 世纪时，因与波斯战争结果，希腊社会发生大变，又因

第三章 古代的教育 ‖

有诡辩学派及哲学家出现，个人主义发达，文化内容也生变化，不再注重上述的体操音乐教育，而新产生所谓百科的知识之教育。是即新时期的教育。今就斯巴达与雅典二国之教育分述之。

斯巴达的教育

斯巴达的居贵族地位之市民不过 9000 户，而平民户口有 3 万余，奴隶人数多至 30 余万；这少数贵族为维持自己的权力，务以团结市民以防卫他们的国家为要著，故斯巴达成为寡政专制的国家，以军事支配一切。斯巴达的教育方针，也趋于"尚武""军国民教育"。

自由民的儿童在 7 岁以前称为"母之子"，在家庭听受古代英雄传记或希腊神话。至 7 岁后，称为"国家之子"，离开家庭，入公共教育场，一切受国家官吏的监督。教育内容以身体的锻炼为主，而且为军队教练的性质，即为骑马、游泳、竞走、角力、投枪诸技。称为精神教育的音乐，也以陶冶爱国心，鼓舞勇气，"为国而战死"为主。至20岁，入军籍，任守卫，服役期限有十年之久，生活极苦。至30岁始许回家结婚，取得独立市民之资格。至60岁才解除兵役。女子也与男子同样，受体操及音乐之国家教育。

在斯巴达教育上常有被人视为奇事者，即使儿童学习偷窃，平时教以窃取生活上必需之物而不为人所侦获为贵。此事一般看作是鼓励勇敢与机智的教育法。实际此乃原始遗习，对于新兴财产私有制之本能的反抗。

雅典的教育

雅典之政治组织与阶级构成已如前述。教

育上之重视身体锻炼，固与斯巴达无异。惟因地域三面临海，交通便利，故雅典人性格多活动而爱自由。其教育制度也与斯巴达不同。

　　雅典自由民的儿童在 7 岁以前受家庭教育，由保姆授以游戏、尊长及古代英雄传记与希腊神话。7 岁入学，由教仆伴之往来学校。因当时学校许私人经营，除法律规定必须教授音乐与体操之义务外，其余皆听父母之自由。故没有如斯巴达之国立公共宿舍，儿童各居家通学。这时期除受体操教育及音乐教育外，又受文法科教育，包括读书、习字、算术诸科在内。此种学校教育，至 16 岁而止。16 岁以后，即离教仆之手而入国立体操场，在国家官吏监督之下，学骑马、游水、攻战、竞走等武技，又讲社交，论政治，以预备国民的知识及了解公共的生活。至 18 岁当作独立的市民，登记姓名于市民

簿，宣忠诚于国之誓，受军事教育二年，第
一年在雅典附近学习，第二年派至国境，防
卫要塞。至 20 岁入于正式的市民阶级。这
二年即以国家为学校，其课程即为国家之
职务。

女子教育适与斯巴达相反，极不注重。因
雅典之父权制度早经确定，厉行一夫一妇制
度，又经梭伦定为法律（在 2500 年前），故
女子以整理家政，顺从丈夫为天职；虽在家庭
受教育，但以学习缝纫、烹调等家事及宗教
仪式与一般礼法为限；正和差不多同时代的中
国周代封建社会之女子教育相似，都是所谓
"良妻贤母主义"之教育。

以上所述为希腊前期的教育。自纪元前
四世纪，雅典战胜波斯，代斯巴达握有希腊
之霸权后，教育为之大变，是为百科的知识
之教育，或主知主义的教育，也为对国家主

义的自由教育；所谓希腊后期的教育即指此。

　　这种教育注重文法、修词、数学（几何学与天文学）、哲学及实际的应用。以诡辩学者（Sophist）为斯种运动之中心。柏拉图虽对于个人主义而唱国家主义，然主张"非哲学者不能治国"，仍不外主知主义教育精神之表现，且可视为军事宗教万能之反响。初等教育有如前述，已为私人的事业，而非公共的组织，兴味全集中于知的高等教育。修词及哲学之学校大兴。雅典原有对18岁及19岁青年男子授以二年军事教育的兵营式学校，但后来减为一年，继且取消强制办法，一变而为各派哲学者讲学之处，是为雅典大学。以后此类学校虽然消失，但百科的知识教育之精神，仍支配中世纪之教育，奉为理想；而所谓自由教育之思想传至20世纪还与职业教育相对立。

希腊三哲的教育观

称为希腊哲学之父的苏格拉底（他比孔子后生约 100 年）高唱德行为社会生活幸福之基础，深信服从国法为雅典市民的义务，正是一位"国家主义信徒"，可与孔子的儒学对比。他的弟子柏拉图，在哲学上完成超自然的唯心论之学说；在他的《理想国》中，主张执政者须为哲学家，认个人为国家一分子，男儿要受体操、读书、音乐等的教育，以及军事教育及数学、哲学等学科，以修养治理国政的才能；对女子主张与男子受同一之教育，算是特色；然而在他心目中的国家是承认奴隶当存在的。可知他的教育学说，只是为支配阶级设想。再有柏拉图的弟子亚里士多德，更是亚历山大大王的御用学者，因为他，希腊的哲学遂陷于形而上学的观念论；他认国家有教育国民之义务，而教育目的则在完成道德的生活；可是他的教育观仅以市民中的男子为限，至于女子及奴隶之教育，毫不注意。可见他也不是个人类教育家。

希腊主义的文化

赫伦文化是被称为近世欧罗巴思想之根源，现代世界文明之基础者。它的表现于建筑、绘画、雕刻、工艺等美术上雄浑奔放之现实的气派与表现于古传、诗篇、戏曲、历史上自由进取之冒险的精神，与由孔子老子及释迦所代表同时代的东洋文明，大异其趣。特别是希腊哲学之发展，集成了古代人类智识之精髓，开始要由合理的思考以解释荒唐无稽的古传神话，要用物理的探求以究明宇宙之原理与万物之根元。但从雅典全盛时代，此等学者对于人间自身伟大之力也发生惊奇与研究，终于对欲看出自然现象之客观的法则之唯物论而引起要定人生目的，设伦理规范之主观的精神主义。后来希腊的文化与教育传于东方诸国，其中心点便是马其顿的征服者亚历山大所建设的亚历山大里亚市，那里有藏 70 万册图书的大博物馆，有研究天文、地理、数学等的学者 14000人。东方诸国的人民，都在那里交换意见；希腊人与犹太人也以平等的关系互相生活，互相尊敬。希腊人之竞技学校与犹太人之教会学校一起发达。由此，希腊人得亲近犹太人之一神教与道德的热诚，犹太人也得评价希腊人之文化。且有许多犹太人说希腊话，取希腊式姓名；在犹太人之学校中添上差不多包含"自由七科"的希腊之课程。这时候，赫伦文化变为希腊主义的（Hellenistic）文化，为自由主义世界主义之教育。以后罗马帝国即继承此种教育以企图世界的支配。

四、罗马的教育

罗马的社会基础

约在 2600 年前，有一群移住种族在罗马地方建设都市。以后虽由王国变而为共和政体，但参政权依然限于贵族，平民只向贵族租地从事小规模的营业，过贫困的生活。贵族与平民间之斗争是陆续不断的。其后因凯撒的远征，更掠得许多被征服地之强壮男子、美貌妇女，以及职工、学者、艺术家等等，愈增加奴隶的数量。这批奴隶是完全隔离一切人间的待遇的，只当作能说话的家畜看待。且其时政治又变为绝对的专制；支配者之专横淫暴，为历史上所仅见。于是奴隶动乱，也成为罗马史上的特色。等到最后奴隶制之大农业在经济上成为不可能时，罗马国家也就亡了。

罗马的教育

罗马初期的教育，自与其他原始时代的教育相同，是军事宗教中心之教育，目的方法都是实际的。惟在王政时代，一夫一妻制早已盛行，父为专制的主人，妻虽占有责任可尊敬的地位，但在法律上是属于女。子女惟父之命是从，父有把子女舍弃、处死、出卖为奴隶之权。希腊之父，务谋子女能及早独立；然罗马之父正相反对。罗马之家庭生活是敬虔的、威严的、刻苦勉励的——可说是清教徒式的。儿童最先教以从顺两亲、敬神。到儿童稍稍长大，认为不妨离开家庭时，即令自去跑跳、掷球、游水、骑马等等。一达 16 岁，穿上"成年者的外衣"，登记为市民，开始至公会堂及大人社会中去从事公共生活。至于这期间的少女，跟母安居在家庭，学习家庭生活之方法。罗马少女的理想，在养成温良、高尚的德性，做个良妻贤母。要之，古代罗马人的教育，是与罗马人的生活相等，非常实践的，仅仅备供家庭生活与政治生活（包含宗教生活）之作用。罗马人的宗教因不是个人的问题，而是家庭与国家结合的势力。故罗马在长时期内没有学校。必要的教育，在家庭、市场及田野中教授。什么教科书都不备。年代记与法律由特别的官员记录；官员为此须受特殊教育。小曲、战争及宗教之歌、法律等等，全凭记忆，用幼稚单纯的调子歌唱。即在全盛时，也差不多全不懂文学、美术及科学的。

以上所述，是罗马尚未与希腊文化多所接触以前的上古的教育。与希腊文化接触开始，至少是在共和制勃兴（2400 年前）以前。其时文学的教育已渐次普及。然正式学

校之开设是从 2200 年前起的。同时上流阶
级之人，由奴隶之家庭教师，学习希腊语之
知识。至西历纪元前 146 年，罗马并吞希腊，
于是罗马的教育完全模仿希腊，用希腊语教
授。以后虽有人创设用拉丁语之学校，且创
出拉丁文体；然帝国治下之教育在许多方面
都是希腊风的。如罗马文学，实不过希腊型
之形式的夸张的模仿。在罗马最盛行的研究
虽为文法（文学）、修词学及哲学；但哲学
常不出风雅的嗜好之范围，修词第一着重实
用。罗马最大教育家昆体良（Quintilian）的
名著 De Institutione Oratoria，即以修词
为主题。他于纪元约 68 年在罗马设修词学
学校，受国库的俸给。从他这本书中，我们
得知纪元后初期罗马教育之概观。本书记载
育儿法，言行之良习惯养成法，读法及文学
之教授法。他非难家庭教育，奖励在学校的
竞争。学校中的研究以文法——即由方法论

第三章　古代的教育 ‖

与历史论所成的文学——音乐及天文学为主。出学校后，有志的青年可就修词学教师，学得擅长会话及演说的一切技术。为知识的知识是几乎不为罗马人所想及的。在罗马人，言语之力即修词学，可以代用为思想之力即哲学。

但在他点上也有非希腊风的教育。那就是本来非审美的，不以"快美与光明"为目的，而以力与精锐为目的。这不是教化，而是苛酷的训练，往往流于残忍。如儿童读书时，发音一有错误，即须受酷烈的体罚。学校从日出到日没，绝无休息的时间。教室非常狭小，设备不完全，无桌，有时连椅也不备。罗马的国家，在任何时代都对教育不具多大兴味。故学校皆属私立，教师受人轻视。因之教授归于不适于他项职业之人——大致为新自由民或奴隶——之手。他们与木工、鞋匠入于同一类社会层中，受同样的待遇。如昆体良之修词学者得占重要的地位，仅不过在帝政时代中之一时期而已。

惟于此有兴味之点，是罗马采用希腊教育之理由，决非偶然。罗马之凯撒，当初为罗马社会缺乏劳动力，生物产甚少，为掠夺生活资料及充实奴隶起见，故有他那么样的侵略政策；等罗马大帝国成立之后，到扩张罗马支配于全世界，所以在文化上，也不可不是世界的。而希腊之文化，在当时已如前述，成为世界性的希腊主义的（Hellenistic）文化，不复带有地方的国民的意味，故竟被罗马支配者所赏识，予以利用；这正和以后君士坦丁帝公认基督教为国教以谋统一人心之手段相同。基督教由此急速广布，中世以后发达为欧罗巴国际的宗教；为纪念教祖耶稣生诞而定之为元年的西历年号，正通行于现在的全世界。那是从今 20 世纪即约 1930 年前。
以下我们的教育史也依照这个年号。

罗马帝国分裂以前之拉丁文明

从希腊继承赫伦文化的罗马，虽然发展
了于建筑土木、文艺音乐上有特色的拉丁文
明，罗马公民又富于坚忍不拔的性质与政治
的才干组织的能力；然他方面，有为奴隶所
有者阶级国家的侵略政策之指挥官凯撒当包
围亚历山大利亚时，不惜把代表古代人智最
高发达的博物馆付之一炬；在他以后 300 年
帝国繁荣期间，集中莫大的财富与土地于手
中的少数富豪阶级（当初的贵族已经并入到
大地主及大富人之阶级），又奖励过度的奢
侈品生产，支配者之荒淫专横，更为自古所
无；故平民大众之生活穷乏，达于极点，沦
落于奴隶之境遇者日多一日。在这种情势之
下，教育自然不振，而且得享教育权利者，

也以少数富豪者之子女为限；一般奴隶乃至贫民当然说不到受教育——实际他们也并不需要受那种单学习修词法律以预备支配才能的教育。

Chapter
第四章
04

中世的教育

第四章　中世的教育 ‖

——约自 1500 年前至 450 年前之 1050 年间——

这时期内，我们的历史上发生如下的几件大事：基督教势力之普及与基督教教育之支配；日耳曼民族之兴起与封建制度之确立；还有回教徒之活跃与新商业都市之发生。我们于此先来说个大概。

基督教是犹太一个苦木工约瑟之妻在未婚前的私生子耶稣所创的。他要改革犹太教，自称为惟一万能的宇宙创造者，全人类之父的神之子，以博爱为宗旨，无视阶级的差别，主张经济的平等；谋于正义之理想下以改造社会。基督教非如佛教之非现世的，乃用平易简明的标语，从当时制度下最是不平的穷困人中找出热心的信徒，向着吸取偶像破坏，自由民权之新文明思潮之全罗马人心，忽然流入；尤其是饥渴于解放希望的奴隶们，翕然信奉；且因耶稣之被罗马殖民总督处以十字架磔死之刑，愈激起了门徒的热情与反抗，使基督教广为流传。其时罗马帝国治下的一般庶民，困于支配者的横征苛敛，沦落于奴隶之境遇者日多。这样大群的"能言家畜"，虽然也曾几次集合数万人崛起动乱以反抗政府（2000 年前斯巴达卡斯之奴隶动乱，与政府军对抗 4 年之久），然终于为支配者的绝端恐怖政策所扑灭，且因酷虐取缔，严重搜索，再也不能有结社形式，于是只好匿迹于秘密之宗教团体。又因当时的经济关系，尚未到可以使奴隶结成为社会的生产阶级之地步，故他们在多年压迫之后，逐渐丧失勇气，很自然地投入于含有神秘的宿命观之基督教怀中，而把促进历史发展，革新社会构造的推进力流产了。最后在第四世纪时，又经君士坦丁帝定为国教，怀柔利用，以谋吸收民心。而与皇帝野合，成为支配权力之城寨的基督教教会，更称最尊之长老为法王，当西罗马帝国灭亡时，更巧妙地教化新来的日耳曼人。日耳曼人初入于农业文化之阶段，教会即当作农村组织者，深入其间。因教会是当时惟一的过去智识之贮藏所，僧侣是惟一能读写之人。他们即教授播种及收获之时期，并为农民医病。于是教会势力深入于民众生活之内部，且渐渐具有政治的组织之才能，法王与皇帝遂互相利用。至八世纪之终，法王利用查理大帝幼稚的虚荣心，授以帝冠，使复兴西罗马帝国。由是基督教会之世俗的权威足以支配封建主义全盛期中欧罗巴诸国之王。故基督教之所以普及与得支配教育，自有其物质的背景，决非仅靠教义之力。

日耳曼人在第四世纪以前，尚是狩猎民之种族团体，多少带原始的住定农业与酋长的游牧群，故属于未开化的社会发展阶段；至第四世纪之终，才侵入罗马帝国之领土，纪元 478 年西罗马帝国为佣兵哥特蛮族所崩坏以后，遂占有西欧罗巴全土，创立族长的农业王国。当时他们开始入于父系制的阶段，然母系制痕迹尚颇浓厚。女性尚为一般所尊敬（今日欧罗巴之有尊重妇人之习，还是那时的遗风）。日耳曼人因不能将多数的罗马人包括于自己氏族之内，又不能以氏族制支配罗马人，于是便有设立新国家之必要。日耳曼人的氏族组织之各机关，急变化为国家机关，氏族之军长遂变化为国王。如斯，日耳曼人将濒死的欧罗巴赋与了新的生活力。爱国的历史家指这个生活力为日耳曼氏族固有的魔力（即国民的特质），然实际不然。当时的日耳曼人仅具有野蛮性的强味罢了。

又当初日耳曼人侵入罗马帝国领土时，他们不知有奴隶，将古代文明社会之阶级制度全然破坏，创建自由农民之村落，在所谓黑暗时代的历史期内，却现出生产劳动者之黄金时代。然后来进于住定农业，为防御新的侵入者起见，发生分业：一部专任战争守卫，一部专任耕作，而提供一定的收获于为族长之战争指挥者以保证战斗者之生活。由是发生领主与武士之阶级；大领主独占广大的领土，使有功劳的武将分治，自己支配所有诸侯而为王，各诸侯也各养许多武士，预备为王効劳。他们的这种关系，即由为中世纪封建社会制度所建立的土地与农奴之根本基础所维持。当时的社会组织，上为法王，次为国王，然后领主武士，最下为农奴。

在领主的居城与教会的建筑所在之处，便有专门的手工业者与交易物产的行商出现。在古代旧贸易都市及大城镇中，许多工商业者集合，成为常设的市场，终丁发达为中世后期的新商业都市。因货币资本与工商不断的发展，以农业生产为基础的封建制度遂告没落，而国民的统一国家着着实现。

我们的中世教育史即在这样的背景中相应而生。这所谓中世的范围虽在历史家也各有异见；若在思想及教育方面言，大致是由纪元 529 年封闭希腊式学校（前述雅典大学），以基督教统一教育开始，迄于 15 世纪为止的约 1000 年间。然在此以前的基督教初期教育，因内容上当入中世教育之范围内，故即从此说起。

第四章　中世的教育 ‖

一、基督教的教育

原始时代之教育为宗教与军事之实用教育或职业之实地指导；在希腊全盛期，才有美的理想的教育。到了中世纪，虽还是以希腊之学问与哲学为其内容，但要由基督教的见地予以选择取舍。其间有种种的学校与种种的教育形式，且实为近世教育制度之基础。今依次述之如下：

问答教授学校

这是用问答教授法（Catechism）实施基督教教育的学校。初期的问答学校，全为洗礼之准备，学生有老幼男女之不同。第一世纪中叶，在亚历山大里亚的问答学校颇发达，兼教几何、物理、天文、哲学。其他问答学校，仍以道德的修练为主，唱唱赞美歌，行行祈祷而已。这一亚历山大里亚的问答学校，在许多年间，实为一切基督教学校之典型，又为古代教育界与中世教育界之桥梁。基督教学校与异教学校不同之点，在前者把一切当作永久的救济之手段，而惟在神学与宗教之周围回旋。希腊人为现世而教育，基督教徒则为来世而教育。在基督教教育上虽以耶稣之国民的神学占主位，但已因希腊学问而合理化，从而普遍化。这表示东洋思想对希腊思想得胜利，理性变作信仰的小使。在此，超自然做了主角，屈科学与自然成为奴隶。

教父的教育

神、救世主、神圣之三概念，是被压迫的犹太人于欲恢复其本国与政治的权力一事上所联带发生者；然在基督教徒间，变为三位

第四章 中世的教育 ‖

一体的人格，堕落的人间在天国复归于神之思想，而这思想由于与希腊思想之接触得着哲学的表现。因此发生了教父之教义；这教义实由犹太人得其实体与权威，由希腊思想得其普遍的形式与形而上学的内容，再由罗马得其组织与普及力。在希腊语与希腊思想行使的地方，希腊之哲学的要素，不绝地压倒犹太的要素。然在他处，特别是拉丁语行使的地方，情形全异。耶路撒冷❶陷落后（纪元70年）犹太的基督教即非希腊的基督教之中心，在乎罗马。在有势力的罗马社会中，犹太之传统的非哲学的要素，确乎保持优势，竭力拒绝希腊的要素。此由"使徒之信条"可以为证。那是不含有希腊思想与形而上学思想之痕迹的。犹太之传统的要素，即随罗马社会之势力而广远，罗马僧正之权威扩大，同趋优越。换言之，信仰夺科学之地位，超

---

❶ 应为"耶路撒冷"。——编者注

89

自然界取得自然界之地位。科学与知识固然衰微，而残存的信仰也堕落于极度的迷信。在四世纪以后的教父，特别是在西方的教会，便都是这样竭力排斥希腊思想的。虽是真正的学者奥古斯丁（Augustine，354~430），尚且于改宗后，即抛弃异教知识，甚至宣言"建设天国者是无学者"。六世纪时，有僧正教授文字（文学），法王即予斥责，认为莫大耻辱，宣言圣语是离文法而独立的。其时虽也有人著一种教育百科词典（题为 The Nuptials of Mercury and Philology）；翻译希腊语及其他书籍，劝国人努力研究；又有本尼狄克特派（详下）定僧侣每日读书的规则；但迷信与无知之浓云，终在罗马加特力教会支配之下，层层笼罩；到第八世纪，黑暗达于极点，其时学问差不多从全欧罗巴大陆消影灭迹；直要在极西的英吉利诸岛，特别是爱尔兰，与极东的叙利亚，才得到最后的避难所。在第八世纪后年由爱尔兰与英格兰僧侣所发起之运动，与三四纪后先在叙利亚发生，次由胜利者回教徒输入欧罗巴之运动相会合，才见欧罗巴稍放光明。故回教徒之教育值得注意的（另详下文）。

查理大帝时代

当第八世纪黑暗之后，教育在欧罗巴复兴时，已不复在拉丁人间，而在征服者的日耳曼人间了。这个复兴，所受于爱尔兰或苏格兰僧侣之感化者实多。爱尔兰于第六世纪后，已成为强固的信仰与学问之地。等罗马人退去不列颠，另发生一种与罗马大不相同的基督教。有学识的僧侣，将其教训传入全欧罗巴。不久，盎格鲁撒克逊的传道师与教师，随从爱尔兰人之后，也努力于大陆教育之复兴，尤其注意于佛朗克人。佛朗克人其时已发展为政治上重大的民族，除为回教及

君士坦丁堡所占有的土地，已占有原为罗马
帝国所支配的全领土，且与加特力教结成关
系。到查理大帝（Charles the Great）做了
佛朗克的惟一统治者（771 年），益谋利用教
会之力以谋统一种种国民间的感情及教育；等
他从罗马法王戴上西罗马皇帝之冠，西方世
界之政治权力便显然由拉丁人转于日耳曼人。
同时佛朗克寺院也进于成为西方基督教之代
表。查理在戴冠式以前本已召各国学者，立
普及教育于民间之计划。其中最有名的学者，
为盎格鲁撒克逊人阿尔琴（Alcuin，735~
804），任为宫廷学校校长。且一般被认为中
世教育之父。他的目的似在复兴尚包含异教
要素的圣奥古斯丁时代之教育，且保护"自
由七科"。789 年曾有所谓教育普及会，叫各
僧院设立学校，教授唱歌、算术、文法。又
查理即帝位后，一旦得势，即主张教会当服
从国家，无论国家与教会皆当以大帝之意志

为其法律；且力主教育要养成国民爱国心，更命僧侣废拉丁语而用本国语以讲演。顾虽如此，教育仍然以教义为本，因宗教究是吸收民心的良工具。等查理死后，817年之法令：僧院学校以修道僧为限，遂又成为排他的教育机关。而阿尔琴实际在一切方面也是拘于教权，非常保守的人。他受改宗后的奥古斯丁之感化，所行一切事业皆以使人人准备来世为目的，埋首于纯基督教的教育，连子弟间的游戏尚且鄙视，对于科学自然更无所知。惟当时因阿尔琴及查理的影响，在西方终算兴起了教育。这种教育成于三个阶段：（1）初等教育由教区的僧侣教授；（2）中等教育，与寺院连络或在僧院教授；（3）高等教育，限于"家庭教育"，在某种意味上为后世大学之起原。至九世纪末叶，英国有亚勒弗烈大王者，仿查理之所谓学问复兴，设许多寺院使为学术之中心；然其改革之动机，不过为补补了解教会仪式及拉丁语牧师之不足而已。

烦琐哲学

当加特力教会之世俗的权威，支配全欧罗巴时，一面有庄严的哥特寺院，到处高耸；一面有赞美神秘的迷信之诗歌，随地吟唱；而至 11 世纪，更有为证明圣书奇迹与天地开辟之"御用学者"烦琐哲学（Scholasticism）发达。烦琐哲学想用论理或辩证法以作宗教上信仰之证明，想给以前种种神秘的遁世的僧侣之人生观以合理的根据，因此，固然呈现排斥教权而重视理性之倾向；但其实际，乃如八世纪查理大帝之复兴古典，为教会而利用文法修词；烦琐哲学之研究神学，也为教会问题而利用希腊哲学。原来这时候，东方的回教已着着进逼，基督教教会立于防御的地位，为对抗计，不得已只好向向来视为妨

第四章　中世的教育 ||

碍信仰的文法、修词、论理俯首，权请它们来做武器。烦琐哲学就是应这个机运而产生的。中世末叶兴起的中世大学虽为由社会生活的要求，具有独立的学术机关之性质；但因当时的教会尚占有最高权力，故神学科不得不设；即在大学以外，神学的研究也极兴盛。大学虽尚有法科医科，但如有名的巴黎大学、牛津大学竟尚以神学为主科。12 世纪后半在监督学校即基督教之监督长所监督的学校，实施神学中心之教育；又高僧教会学校亦复如此。

这种烦琐主义之教育，神学的教育，固有许多批评家评为狭隘偏颇；然也有人因其注意于知识之系统的组织，崇尚论理的分析，养成锐敏的论理力，认为开拓近世科学研究之基础者。实则用权威以说明，仅知演绎以形成系统的知识，已窒碍了自由研究与批判

态度之启发；何况知识的内容以神学的材料
为限，教育的方法又惟形式是重，试问那里
来的科学精神？原来当时的教会，看科学的
研究，智识的追求，以及疑问的发生为罪恶，
违反禁例者由宗教裁判予以严罚。人只须信
仰祈祷，一切问题要由神之全能来解决。初
期教会之组织的机能已经告终，过去智识之
贮藏已经丧失，如今却变为代表中世之黑暗
与保守的最迷顽思想之渊源了。

其他受教会支配者

文法学校、唱歌学校等都是实施基督教
教育的。文法学校教拉丁语；唱歌学校教唱歌
及读书。14 世纪以后有许多学校（附设于小
寺），凡有僧侣二人同居之处，即以一人教文
法学校程度，一人教唱歌学校程度即下级生。
这种学校支配十四五世纪之初等教育；故虽至
15 世纪即距今 500 年前，基督教的精神还不

失为一个中心。

女子教育

女子入尼院学校学音乐、手艺、拉丁语等，毕业后在妇人之私室受遁世的隔离的修养，也无不是中世的基督教的性质。

二、反教权的教育

中世欧罗巴的教育，弥满着基督教的精神，即说教会教育差不多占有教育全土也无不可。因之通常教育史终把我在本节所欲述的二种教育乃至后面将说的中世大学都列入基督教教育范围之内；原来这也不算错误。惟这种教育虽然形式上离不了宗教色彩，但实质上却在基督教之圈外，甚至含有反教权的性能。故特另节述之。

本尼狄克特派教育

第四五世纪时，有基督教徒认当时社会堕落不堪，而隐入山林以修行者。初皆独居，后知独居有弊，遂设立僧院，制定严格的院规，以营共同生活。同时附设学校，以教育教徒及俗人子弟。此为僧院主义与僧院学校之起源。其中最有关系于教育者为本尼狄克特派，创于罗马贵族之后裔圣本尼狄克特（St.Benedict，480~543）。在他所创立的僧院，制定每日礼拜与作业之条规，力斥当时隐遁者所行之激烈的苦痛；至作业种类，则为耕作、慈善事业及少年教育等；这些都为救当时社会乃至教会之"时弊"之要图。以后继起者大有其人，未及百年，此种僧院竟达250有余，遍于欧罗巴各国，且皆出其丰裕的资产，从事于教育事业。此类学校所收学生有贵族、僧侣、自由民；最初授以道德的与宗教的之教育；稍进则授以养成将来之宗教家、政治家及学者之教育。所教学科即以受希腊百科的知识之教育精神的"自由七科"（Seven Liberal Arts）为主。这"自由七科"在当时已经流行，内容如下：（1）文法（包括读、写与言语之构造及其使用法）；（2）修词学；（3）论理学（三段论法、辩论、定义等）；（4）算术；（5）音乐（包括绘画、雕刻及一般美术）；（6）几何学（包括地理学）；（7）天文学（兼占星术）。各学科之教授，固仍基于教义。且至九世纪之初，有僧院学校专以教授僧侣为限的法令，教育性质仍为了来世而集中于纯基督教的倾向。然我何以要把它作为反教权的教育呢？则因刚在四世纪后，教父特别是西方教会排斥希腊思想之际（见上述），本尼狄克特派却起而发达僧院教育，研究由希腊自由的主知的教育所传来的"七科"，是俨然和教父教育取对抗的形势。

武士的教育

这是显然的反抗基督教权的教育。在本章开首述封建主义的社会制度时，已说明日耳曼人间领主武士阶级之发生。大领主兼并土地，分封武将；自为支配国内诸侯之王，诸侯也各领封土，豢养许多武士，预备一朝有事，可为国王效忠。虽然他们自灭亡罗马后，大受超自然的帝国即基督教的软化；尚有查理大帝受法王的利用，不借用武力强制日耳曼人之信奉基督教；然以日耳曼人之蛮性，岂容易屈服于厌世的教权；自第十世纪之黑暗时代以后，查理大帝国已陷于分裂，基督教会又非常腐败，于是日耳曼人之现世的进取的"野蛮性"，更不满意于基督教之隐遁的教权。所谓武士的教育，遂跟着封建制度之发达勃然而起。

第四章 中世的教育 ‖

就当时武士与君主之关系而言，是以密接的义务关系相结合的，即君主对臣下有扶养与保护之责任，武士对君主则有忠诚与服从之义务。又因日耳曼人尚有母系制之遗迹，故对妇女保有尊敬之风（见前述）。故武士教育之目的，就在效忠主人与保护妇女。所受学科为骑马、游泳、射术、击术、狩猎、将棋、作诗之七艺，又注重练习交际，鼓舞名誉心，与基督教教育之性质正相反，且为宗教的势力所不及。然基督教对世俗的权威究竟确立已久，故虽在武士教育中，也要学习教义，并宣誓保护基督教。以上各科之教授，无特别学校之设施，即在王侯宫庭或有名的武士家行之。武士的子弟于七八岁以前在家庭受母亲的教诲，习顺从尊敬诸德；到七八岁入贵族家供差遣，并习武士的礼节及游戏；至15岁，乃持武器，练武艺；及21岁，行庄严仪式，加入武士之列。女子也在家庭习家政及当时所行礼仪作法，有时加以读书、习字、诗歌诸科；贵族武士之女子，入王侯宫殿，在特设学校受高尚的教育。

此种武士教育在全欧罗巴各国皆有，惟以德法及西班牙等处为最盛。以年代论，则以第十世纪及第十二世纪为最著。

三、阿拉伯人的教育

当中世初头所谓欧罗巴文明史上之黑暗时代，自纪元七世纪至九世纪间，却有独自活跃者，是为阿拉伯人。阿拉伯人住于沙漠地方，以游牧与队商为业，在不统一的族长支配之下，为近邻强国所征服；但罗马衰颓后，以东方贸易业者之地位渐渐获得经济的势力；他们之神秘的宿命观与热情的慓悍性不久与犹太教及基督教凑合，遂生出第六世纪谟罕

第四章　中世的教育 ‖

默德之战斗的宗教思想；在他的指导之下，获得政治的统一与民族的独立，以武断的布教政策与商业的经济势力之发展相伴，成就了阿拉伯人的神政国家之大活跃。回教徒东西并进，东及印度西北境，西经非洲海岸而至西班牙，更胁迫罗马帝国。到八世纪中叶，分裂为东西两卡力夫●（Caliph）王国，以交换东西两洋物产，传播萨拉森文明于欧罗巴，留有独特的功绩。

　　回教在非哲学的阿拉伯人间，原无需于知识与教育来维持；可兰经之记号（诗句）只凭口传以记忆，文字也不必要。谟罕默德自身恐怕确是不会读书的。但当回教用刀剑越过阿拉伯领土而传于古代文化之地如叙利亚、巴比伦尼亚、埃及等处时，事情就变。大概要望在此等地方为基督徒的人民容受回教，

● 今译为"哈里发"。——编者注

所以不能不如初期基督教之用希腊思想之普遍的形式及理性来装饰一下。本来东方的叙利亚，与其他东方诸国相等，自亚历山大时代以后，即受希腊文化与学问之影响。到了此时，在此等地方，即把希腊哲学者、数学者及医家之著作，一部由叙利亚语，一部直接由希腊语翻译为阿拉伯语，故进步的学校陆续建设，伟大的医家、数学家及哲学家开始出现。自第九世纪中叶至第十二世纪初期之间，世界学问之大中心，实在伊剌克●（Irak）地方之回教学校。后因招狂信的阿拉伯人之猜疑与反对，遂把这种学风迁往西班牙的回教徒都市中。其时这些学者为真理与正义，作成教育方针，与回教之宿命论及迷信相斗，并在当时科学所许的限度内教授完全的教育。因此，哲学、文法、天文学诸科，盛行研究；化学、代数、三角术诸科，大有进步。欧洲

● 今译为"伊拉克"。——编者注

各国之学生都来就学于此种阿拉伯人之学校，其中尤以在西班牙的哥尔多巴❶（Cordoba）为最盛。

阿拉伯人的学校分普通专门两种。施普通教育的小学校设于各地；施专门教育的大学，在阿拉伯领土内共有17所，如巴格达（Bagdad）及哥尔多巴大学等就是。

四、中世的大学

在中世欧罗巴发生大学之前，高级之教育机关只能从寺院的学校中见到。但这并不是适应一般社会之要求者，而只是为僧侣之教育机关。原来罗马帝国之崩坏，关于教育的支配权，也随着它的军国的世界帝国之支配权同证于即以罗马为中心的基督教之世界

❶ 今译为"科尔多瓦"。——编者注

的宗教帝国。故教育制度之成立也受宗教帝国的限定。宗教支配教育的情形，就如本章首节所述。但这是教会的支配之要求；另外却发生与此各别的社会之要求，虽是这个全能的宗教支配也属无可奈何。

罗马帝国之统一欧罗巴是靠世界的交通之发达。如今为中心的罗马帝国之崩坏，就把中心文明——即罗马文明——以外的东方文明循着同样的交通路径输入于欧罗巴全土；同时为这个输入传导体的工商业之世界的——全欧罗巴的——发达，一面打破文明之罗马的中央集权，一面即作成各民族之文化的中心——此为后代民族国家成立之素地。宗教的大统一帝国，在政治上促成封建的小国家，在社会上促成自治的诸团体——都市基尔特——之发生。

这时代基督教的世界精神之使命，虽在

第四章　中世的教育 ‖

超越此等分权的小国家之割据的对立，而产生一种可以适应世界交通之生活形态的大寺院阶级。然而宗教意识之机能究有限制，教会教育要当作欧罗巴交通发达所引起的新生活组织之科学的方法，自不可能。教会之教育机关，只是教会支配所必要的智识之机关，对于世俗的生活之智识非所顾问。而现实的社会生活者之要求实不在前者而在后者。只为了最高的统制权力属于教会，社会尚未有得不经教会许可而创设自己所要求的制度之自由。所以一方面在各个文化中心地有应于社会生活所必要的智的要求之学术教育机关自然发生，他方面这种自然发生的机关，为要具有学术团体之充分的机能起见，不能不服从当时教会之统制；因不如此，便会当作异端而受教会的迫害。当时教会虽尚自信于人间教化上具有绝对权力，但终于不得不对此等学术团体而下特许证，实可视为在教会的统制与社会的统制之竞争上，社会的统制获得胜利之表示。

　　此等学术团体，完全为社会的协作体——虽然为对付当时公共的统制起见不能不含有一定之宗教的性质——在实质上是超越宗教、民族等之范畴，而为纯粹的学术团体。称为欧罗巴第一大学的意大利之撒列诺（Salerno）大学（在十一世纪）虽有人说是继承寺院学校；然起初当作大学而发达时，实包容当时因宗教关系而在欧罗巴全土受迫害的犹太人，构成为教师及学生之一集团。一切大学原来都以世界的交通为动机而发生者，故不论起于何地，其团体之要素，多为由各地移住于该处之异邦人所成。寺院学校多系在于山间僻地，而大学独发生于当时新文化之中心地者，即为此故。当时之大学，无如今日之学级，却依国籍（Nation）而区分。University（大

学）一语也起原于拉丁语之 Universitâs，即
为当时由此等国籍所成之集团。

故所谓大学之学术机关，显然不是由教
会或国家之阶级的支配所生者；反之，因是
社会的统制所生之组织，却与教会取对立的
态度；虽因当时教会强制的统制对此占有支
配的地位，是以不得不受其特许；然这种特许
正是学术团体之实力所争得者；而且学术机关
在中世当作独立的社会集团而成立，确乎具有
今日所盛唱的"大学自治"与"学问独立"之
事实。

当近代的民族国家发生时，为对抗教会
的支配计，因与大学同其利害，故对于大学
脱离教会支配之运动，终是站在后援者的地
位。不惟如此，国家且由自己设立大学，具
备国家统制的教育机关，以与教会的相对抗。
所以在基尔特的起原之大学以后，便有为国

家即帝王所创设的大学之时代。欧罗巴最有
力的大学，如英国之牛津（Oxford）、剑桥
（Cambridge），法国之巴黎（Paris），意大
利之波伦亚（Bologna）等，大都属于基尔特
的起原；然有许多大学是以封建的贵族当作创
设者或后援者的。故近代国家发达，大学也
和一切基尔特一样，同处于国家的支配之下，
而失其独立的性质。

以上是认明中世之大学，与基尔特同有
对国家极无交涉的起原与地位，所谓大学之
组织，本为社会的要求之产物。然这种社会
的要求之产生，又从那里来呢？这当归于东
方科学之侵入，即前述回教徒之商工业的世
界发达，所以这种学问之性质是与广义的社
会生产之目的相一致的。大学所设学科如医
学、法学等，是全立于基督教教育之范围外
的，而且学者极为踊跃；然在传统上，最高学

第四章　中世的教育 ‖

府须得教会及国家之特许，故大学中也包含为教会及国家之支配所必要的神学乃至哲学。惟由外力来支配为自治体的大学，即当中世，也已在巴黎发生问题，至如牛津大学、剑桥大学，则早经独立，自行选择校长；不过在16世纪之终以前，所选校长还不出宗教家以外。

8世纪之后，东方回教徒已在巴格达开罗等处设立大学，惟大部分到12世纪之初期停闭。以后西方回教徒在西班牙之哥尔多巴等处设立大学，约存在一世纪，至1200年时为正统派的狂信者所压迫。回教大学之学科除"自由七科"外，尚有医学、哲学及神学。其时西方欧罗巴，在阿尔琴时代之后，也稍有与大教会有关的小学校教读书，与寺院有关的高级学校教书法、声乐、初步算术与神学；至11世纪更在大中心地如巴黎等，发生更高级的学校，对稍有准备的学生一切公开，教授辩论法神学及其他学科。1100 年时，这些学校受着新的刺激，又因阿拉伯学问之侵入（1150~1250 年），遂也发达而为大学，容受各国的学生，上所谓 Universitâs 的制度即起于此。故回教大学实可说是中世欧罗巴大学之父。自 1200 年后至 1400 年间，大学之数殆有 40，散在于加特力教世界之各国。其中尤以意大利与法兰西为独多。巴黎大学与波伦亚大学则最有威势，牛津大学次之。出席于此种初期大学之学生数，有多至殆难置位者；如说牛津 1300 年时收容学生达 3 万人，即在 1264 年也占此数之半。至出席于巴黎大学之学生数还要更多。

当时还是烦琐哲学旺盛之时代，如前述，这乃是中世纪之学问，以对神学之知识为一切研究之目的，谋用哲学辩证法以作宗教上信仰之合理的说明。凡在近代意味上之学问，殆不存在。然而这种宗教帝国的工具，到此世界交通发达，新的社会生活发生时，已无活动之余地，故也趋于衰微了。——通常还分烦琐哲学为三期：（1）发生，纪元950~1200；（2）极盛，1200~1400；（3）衰微，1400~1600年。

五、工商业者的教育——市民学校

本章开首述封建主义的社会制度时，已说及手工业者及行商阶级之发生，且形成了常设的市场，终于发达为中世后期之新商业都市。自11世纪，因土耳其禁止欧罗巴基督徒之耶路撒冷巡礼，阻断了基督教国民之通商路，于是欧罗巴商人与欲得新地盘的封建武士以及基督教会结成三角同盟，发动了所谓十字军的远征，亘二世纪之久，而终于失败以来，法王之权威渐渐失坠，武士阶级也趋衰落，而他方冒险不羁之风愈加增进，与东方之交通恢复，有种种新知识输入到西欧；结果，一面为独立的大学之发达，同时即为各地都市之勃兴。都市中之工商业者因在法律上未获相当的保护，为相互扶助并促进职业计，特组织基尔特。所以基尔特之成立是与当时的国家及教会取对立的地位，正与中世大学之得成为独立的组织之社会的动因，同其性质。他们乃以一市的经费，设立一种特殊之学校，专教子弟以实际的智识。此种学校，对寺院学校而言，称为市民学校（Burgers chule）或市学校（Stadts chule）。惟因僧侣的干涉，未能发达，仅有少数市民学校因强硬对付，得仍在都市监督之下，执行市民之教育。

学校种类有习字学校，拉丁学校。而基尔特教授（Guild instruction）即继续至近代的徒弟制度（Apprenticeship）或可视为当时生活行动上有组织的教育制度。学生初以都市子弟为限，然他处来学的也复不少。

六、中世中国的教育

这期间中国的教育何如？

自第三世纪初期，汉朝灭亡，经三国时代之魏吴蜀的混战，而及于晋，便有越万里长城而南侵的"五胡乱华"，随后又是南北朝的纷乱，直至第六世纪之终，才再为隋朝所统一，这四百年间，正所谓"戎马不息""盗贼蜂起"，支配阶级连维持秩序尚且无力，自然更说不到振兴教育。

唐代的教育

自隋以后，从七世纪之初到十世纪之初，

约 300 年间为唐朝的天下，它的前期终算是在当时之世界，当作最安定的文明国而繁荣臻于绝顶的时代。为秦所破坏而复兴于汉的儒学，至此大为发达。唐太宗时，大兴学校，立孔子庙堂于国学，大征天下儒士以为学官，增学舍 1200 间，以养"天下"的贤能；高丽、百济、新罗、吐蕃、日本等国，都派子弟留学中国；国学中学生加至 8000 余人：这真要目为中国教育上的盛事。当时木版印刷术渐渐被发明，唐朝宫廷中有藏数万册典籍的图书馆；佛教因与印度直接交通，经书输入，迅速普及，佛画佛像之美术也极进步。然而这种种对于社会全体之本质的进步与根本的变化，并无影响。原因是经济生活依然不脱周代以来的旧套，保守在肥沃的大平原中祖先传承的农业生产力所建立的社会制度；商业与货币虽早经发展，可决没有获得如在古代希腊那样重要的社会的地位。这里没有奴隶制

第四章　中世的教育

度，就是兵农之封建的阶级差别也不大明显。凡事比较宽裕而且悠长的这一大社会，自然不易发生冒险的活动与独创的发展了。

唐时学制，在京师设有国子学、太学、崇文馆等六学二馆，学科为《礼记》《春秋》《诗经》《书经》等，也有律学、算学；入学者限于高官子弟及平民中的俊秀者。地方依府州县而各有定额的学生，凡地方官吏及平民都可入学，学科全以诸经为准。

除学校外，另有依选举的取士方法，考试及第可以做官。这是所谓"天下英雄，尽入吾彀"的巧妙手段，也是教育与生活愈趋隔离，读书人愈附支配阶级过寄生生活而成为歌颂圣明天子的"御用学者"之所由来。唐代的科举制度，已使学子专讲声韵、重浮华，而且发生行贿、挟卷、交通关节等情事，真到了"廉耻道丧，实学衰亡"的地步了。

宋代的教育

唐朝末后，约半世纪间为五代的群雄割据时代。至十世纪后期，宋朝开始，中国复归一统。其时中国已与阿拉伯之海上贸易者通商，与萨拉森文明相接触，更有基督教之东渡。但这对于中国社会生活不生什么影响，故宋代的教育，虽然形式上屡有变更，但大体仍沿唐朝旧制。然因宋朝支配者之力量薄弱，学校究不及汉唐的隆盛。更因受北方开化蛮族●蒙古人之压迫，仅得保住江南半壁之"天下"。

当时除学校外，另有书院，但性质仍与学校相仿。可称为教育家者，有王安石、朱熹、陆九渊等。

● 因时人历史局限，对汉族以外的少数民族的蔑称。——编者注

第四章　中世的教育

元代的教育

蒙古人中之成吉思汗，于13世纪初采用中国文明，大张国威，远征及于南俄与中欧。至其孙忽必烈汗，遂占领中原而亡宋，建设连欧洲亚洲的大蒙古帝国，号称元朝。这虽是东洋史上侵入中国[1]的外来蛮族中之最强大者，然终也不过稍稍掀动波澜而已，并不如侵入罗马之日耳曼人激起全欧之狂涛；故未及百年，至十四世纪中叶，复被为中国原住民族的明朝所推翻。至元代的教育，其学校制度和科举方法大都模仿宋代，不过添设蒙古国子学与回回国子学以为训练蒙回高官子弟的机关，然均不见注重。

明代的教育

明代始于14世纪之60年代，终于17世

---

[1] 此处为地域概念，当时人习惯认为长城以南的我国地区为"中国"。——编者注

纪之 40 年代；然因社会关系，依然是基于农业生产的封建制度，政治犹是君主专制，故教育上，一切学校与科举制度，仍沿前代的旧制，即使形式有异，而本质无变；且因所试文章大体为《四书》《五经》，通称制义，也叫八股，其束缚读书人思想的办法更觉苛刻，与人生日用的教育相离愈远了。

Chapter
第五章

05

近代的教育

第五章　近代的教育 ‖

——约 450 年前即 15 世纪半起，至 1928 年止——

以上所述是东西两洋的教育尚未汇合于世界本流以前的概况；自此，我们要转入世界舞台，将见教育史之蓬勃发皇，且更发现更伟大光明的人类文化之曙光。惟因限于页数，未能详述，只得略举几个要点而止。

依历史的发展，把近代的教育史分作（上）资本主义勃兴时代的教育；（中）资本主义发展时代的教育；及（下）资本主义没落时代的教育三项述之。

（上）资本主义勃兴时代之教育

一、文艺复兴与教育

工商阶级之勃兴

中世末期，工商业逐渐发达，从事于此的阶级，逐渐成长；这样日趋增大的商业资本之势力，一方面促成封建制度之崩溃，他方面即要求旧社会组织之变革，因贸易之发达，遂促进东方文明之输入与智识之再生。

工商业者为拥护营业利益及共谋扶助方法计，组织基尔特，所谓自由都市即当作此种基尔特之联合组织所构成；我们于自由都市中便可认识不久即掌握全世界于其手中的资产阶级之勇姿，又可见出久在封建阶级道德下被蹂躏的自由平等的政治思想之再生。

第五章　近代的教育 ‖

封建贵族之地位，不久即为获得伟大的经济势力之第三阶级——资本家所动摇；同时第三阶级勾结国王之政治的权力，与诸侯对抗，拥护集权的统一国家，即在其援助之下，发展为大规模的海洋贸易与殖民地争夺战争。

我们的教育史也将随近代文化的黎明而发生新的光彩。

文艺复兴

十字军以后欧罗巴经济生活之急激变化，封建主义之衰微与工商阶级之勃兴，便是引起为古代文明复兴的 Renaissance 之惟一社会的原因。

这所谓文艺复兴，便指自 14 世纪至 16 世纪间以做东方贸易商人根据地的意大利之各自由都市为中心所开始的文艺、学问、智识之再生而言。这一近代文明之黎明，确乎是和都市及第三阶级之抬头相伴而生的。

我们前面已经说到阿拉伯人于中世纪独独继承古代希腊罗马之文明，且使之发展。但在第七八世纪他们侵入欧罗巴之当时，可以容受摄取那种文明的社会秩序与开化都尚未存在。惟到封建时代之后半期，渐次成长的工商业者，从阿拉伯、巴力斯坦❶、埃及地方输入绢、香料、宝玉及毛织物等，同时又传来天文学、地理学、进步的数学（如代数、三角）、工艺美术以及筑成后世理化学基础的炼金术与由不老长寿之灵药制法所发达之医学等，即在丰富的经济沃土之上培育成长。

加以 1453 年东罗马帝国灭亡，从首都君

---

❶ 即"巴勒斯坦"。——编者注

第五章　近代的教育 ‖

士坦丁堡之宫廷，抱古书史籍的学者皆被逐出而走于西方之都市，促成了脱离宗教束缚的古学研究之新倾向。如此，清新泼渊●的近代思想，由于15世纪之活版术发明，愈益急速地普及欧罗巴各地，开发那久为传统所掩蔽的中世诸国之人心。

而特别助成文艺复兴者，是航海业者之外洋的冒险。15世纪以来为土耳其所隔断东方通商路的贸易商人，受久客于元朝的中国、归而发表《东洋旅行见闻记》的马可波罗之书所刺激，愈想东洋直通航路之开拓；其中西班牙、葡萄牙两国之国王，更奖励航海术之发达，又早从阿拉伯人学得应用磁石之罗盘针，于是大胆远航，而发见新航路新陆地者相继而起。至1492年底，哥伦布就发见阿美利加之一新大陆。1522年更有人实现地球周

● 同"泼辣"。——编者注

航之计划而成功。如斯，在渺茫浑圆的洋上
所涌出的不羁自由之新气运，因突破水平线
的先驱实验者之证明，遂把世界为正方形之
立体的中世无稽之说，破碎以尽。为罗马法
王所代表之封建的神秘思想，也终于被近代
的合理主义与自然科学的精神所消灭。这一
中世社会的黑暗与文艺复兴的光明间之斗争，
实即为崩溃的封建制度与新兴的资产阶级间
之斗争之观念的反映。

文艺复兴时代的教育

文艺复兴的实际，即在脱离中世的基督
教主义，而代以古代所有尊重现世的自由的
思想。古典语研究之勃兴算是重要的结果。
世称此种思潮为人文主义（Humanism）。自
15 世纪末年，意大利之人文主义者往英法德
诸国，充当教师。在教育上有四种倾向之表现：
（1）使教育不为抽象的理论的而为自然的实

际的努力；（2）使前世纪所闲却轻蔑的肉体包含于教育中之努力；（3）使教育普及各界而不限于僧侣之努力；（4）欲采用有兴味的方法以代从前所用残酷方法之努力。此等倾向大概可于剌柏雷（Rabelais，1483~1553，法国人）、又于伊拉斯莫斯（Erasmus，1467~1536，荷兰人）、微未斯（Vives，1492~1540，西班牙人）、蒙旦（Montaigne，1533~1592，法国人）等人文主义者之教育意见中见之。

二、宗教改革与教育

宗教改革之由来

上述资产阶级之勃兴，已将势力扩张到经济上、政治上及思想上；而它对于封建主义之第一次胜利，即于16世纪之宗教改革（Reformation）中见之。当封建制度已成为时代错误之赘瘤时，罗马教会却当作最顽固的保守主义之渊源而达于腐败与堕落之极点。将奴隶解放的社会革命中所蹶起❶的叛徒耶稣奉为三位一体之神秘的存在，又捧为拥护封建贵族的特权之偶像之法王，如今却以圣坛当作发卖赦罪符的总店而搜括信徒之资金。

于是有德意志人马丁·路德（Martin Luther，1483~1546）者，大叫法王之非理，揭破教会之腐败，谋宗教之改革。然而宗教改革之竟得变为激动全国的动机却自有其社会的根据。因当时的德意志正谋夺寺院财产以免经济的穷迫；邻国法兰西王也静待侵略帝国领土之机会，所以暗中赞助那不堪教会压迫的工商阶级之内乱；而企图重返于原始基督教之农民，因愤教会之伪善与背教，也竟帮助路德，发生暴动。在如此形势之下，故即在政

---

❶ 同"崛起"。——编者注

治上尚未充分成熟的资产阶级竟得以获得初步的成功。

路德与新教之本质

然路德究是何种人物呢？他于赞助宗教改革运动之农民暴动，竟说"他们是狂犬"，而竭力弹压，代封建领主惨杀农民至 15 万人之多，且处以比十字架还更酷虐的火刑与绞刑。原来农民暴动是以否定贵族土地私有的思想为重要动因；然 16 世纪之欧罗巴已非纪元当初之犹太，于近世之德意志而谋复活原始共产制，显然违反经济进化之法则而为一种的反动，其失败自属不可避之结果。为此，基督教不能不靠正循历史发展之方向以进行的资产阶级之力量，以渐变彩色；而路德之种种行动，也自有其历史的作用。我们看到 17 世纪以后各国贸易殖民事业之中，终脱不掉传教师之影踪，便可证明改革后的教会已弃

其零落的旧主贵族，而替新主人资产阶级做
了金权●的守护人了。

宗教改革时代的教育

因路德等宗教改革家相信凡人为上帝所
创造，故主张人人都有享受教育的权利，因
之他们对于初等教育颇尽力设施。路德自己
用德意志语翻译《圣经》，这对于"通俗教育"
之利益自很伟大。他且主张对劳动青年应许
其每日出席学校一小时或二小时，以为用这
方法可以解决劳动阶级之教育问题。我们由
此不难推知当时新兴的资产阶级已开始需要
所谓普及教育了。但他的实际教育方案，仍
然是中世纪式的，即除教授宗教外，只有仅
少的数学与论理学；体育与音乐虽加奖励，而
科学的教授之思想并不发生。此亦足证是受
时代之限制。

● 疑为"全权"。——编者注

第五章　近代的教育 ||

路德的同志梅兰克吞（Melanchton，1497~1560）虽于振兴高等教育，输入大学新教授法上有力；但仍置典据于真理之上，与路德同认哥白尼之地动说为反对神之启示（对一切真理之最高权威）而加以排斥；且不信自由议论，主张处异教徒以死刑，可见还是中世纪的人物。

反宗教改革派的教育

在新教势力蓬勃之时，从来支配欧罗巴的加特力教也起而活动。1540年有受罗马法王认可的宗教团体"耶稣会"（Jesuits）发生。新教世界多少尚盲目地企图脱离教权之拘束以获得自由，而"耶稣会"则以极度的信仰与敬虔谋教权拘束之更形巩固，想最武断地辩护扩张加特力教之权威。所以对于思想之自由极端反对。"耶稣会"乃是大规模的军事组织，加特力教之"救世军"，教育即包含于其救济计划之中。在由营舍炮台及城墙所围绕的都会中，设有中等学校专门学校及大学；校内的将校们要受军事训练，要服从命令。他们不管初等教育，自然更反对劳动阶级之教育；而只从事于运命注定要就高尚职业者——贵族及其他——之高等教育。

他们的教育，虽也一面专心于论理学与修辞学以与宗教改革者相竞争；一面专心于古典学问以与学艺复兴❶之人文主义者相颉顽；但更专心于保持教权与超自然主义。他们为防止学生对真理之自由研究与发见，遂不惜使用种种劣等而不自然的刺戟——竞争、称号、赏与、勋章、公开展览会等等。对于道德教育，惟重绝对的服从。且取威吓主义，时用体罚。最后的理想便在遵守神圣的命令，为征伐倾向不信仰，合理主义的异教国而以威力与辩才（故独重修辞学），使用一切精神上武器之

❶ 疑为"文艺复兴"。——编者注

热烈的基督教兵士。

最初的"耶稣会"学校，在1542年仅有二处，其后在世界各地急速增加。这类学校大体别为三级：(1)中等学校或拉丁语学校；(2)College；(3)"一般研究"或大学。至17世纪之终，共达769校，学生恐有20万人；即在不振时代也有728校。实际在200年间全欧旧教教会之学校，可说统在他们手中。

要之，无论宗教改革，或反宗教改革，在教育上都无什么决定的进步，科学与自由也都未被促进——更以后者为宁表示退步；因二者皆委教育于僧侣之手，皆保持传说之原理，而不顾为真理之自由与经验之故。

三、科学发达与教育

以上所谓人文主义的教育、新教的教育，

在主观上原想排斥从来之中世的寺院的非实际的教育；但结果只叫学生暗诵古语，玩弄古典，记忆些神学与哲学，仍无补于现实的生活。直到第十七八世纪因科学进步，机械发明，又因英吉利革命，法兰西革命之政治的变革，于是在教育史上，又有所谓自然主义的或实学的教育发生。本节即将对这 200 年间的教育约略叙说。

机械文明的开端

自文艺复兴之末期即 16 世纪，哥白尼唱地动说，哥伦布发见新大陆，加黎利 ❶ 揭破为向来供法王御用的烦琐哲学所支持的《圣经》之虚伪以来，自然科学之发达极为显著；至 17 世纪，又有德意志人开布雷尔的天体运动法则，与英吉利人牛顿的万有引力法则之二大发见；18 世纪更有许多著名学者辈出；其中

---

❶ 即"伽利略"。——编者注

第五章　近代的教育 ‖

如在法兰西，生物、解剖、生理、医学、矿物、化学、天文及数学等诸科学，皆显然勃兴，启蒙文学之自由平等论等也为由此所生之结果；特如由所谓百科辞典派之一派直接谋此类科学智识之普及，于打破从来宗教的传统，唤起自由的社会思想上，尤为有功。

其他文艺、美术、音乐等一切文化的方面，固受科学进步之影响；即哲学方面也渐回到希腊初期之唯物论的倾向，且产生如斯宾挪莎之一元论；即唯心论也受科学的感化，经推理派经验派等之认识论，由康德而确定为近代理想主义观念哲学之体系。

他方面，由于此等科学智识之应用，于现实的社会生活上大生影响；文艺复兴时代之活版术发明，已如前述；至 17 世纪，复有时计、望远镜及唧筒之发明；至 18 世纪，更有自动梭纺织机等足以惹起产业革命的种种新技术；

然更重大者为由瓦特完成的蒸汽机关之利用，相应的新机械即续续出现；这样到了 19 世纪遂见新动力与新机械之结合而有汽船与火车之发明，即完成了近代产业及运输之技术的革命。

至当时政治上之形势，英国有 1649 与 1688 年两次的新兴资产阶级之革命；德国开始立下帝国统一之基础；18 世纪美洲的清教徒受法兰西启蒙文学之感化，又因英本国之严厉榨取殖民地，而建设有产者之独立国；法兰西之民权主义革命家则更因美国之独立而促进 18 世纪之终的大革命。

故当 18 世纪之初，启蒙文学者如伏推尔 ❶、孟德斯鸠、卢骚 ❷ 等皆有组织的表明当时新兴资产阶级的革命思想与要求：伏推尔讥讽宗教，痛骂僧侣贵族；孟德斯鸠研究英吉利之革

---

❶ 即"伏尔泰"。——编者注
❷ 即"卢梭"。——编者注

命，非难君主专制，大唱共和主义；特别是卢
骚，主张归于自然，天赋人权，其凭空捏造
的《民约论》❶尤足表现资产阶级的要求，居
然成为法兰西大革命之导火线。

所谓自然主义的教育思想

这是趋重现实的经验的教育主张，倾向实
学，可视为中世教会教育之反动。然明白了
当时新兴商业资本的发达形势与自然科学的
进步情形，自不难了解此种教育主张之由来。

自然主义思潮之元祖是英吉利人培根
（Francis Bacon，1561~1626），他被称为近
世科学之父，因他提倡经验的归纳的科学研
究法，实开研究自然科学新方法之先声。然
在他以前的哥白尼天文学与阿美利加大陆之
二大发见，当又为直接研究自然的先导。此

---

❶ 又译"《社会契约论》"。——编者注

后的教育，就有从教权与僧侣手中取回而付托给科学与俗人之倾向。

奥国人夸美尼斯（Comenius，1592~1670）则是深受培根方法之刺戟❶的实际教育者，故被称为"近世教育之培根"。他著成所谓最初的系统的教育书即《大教授学》，他定出（1）家庭学校,（2）初等学校,（3）拉丁学校,（4）大学的教授课程；前二段施于男女儿童，后二段专授于求高尚职业者之男子。他的教育要旨虽尚不忘敬虔上帝；然已主张人要支配他物及自己，要从小即在家庭学物理学、博物学、历史、地理、天文、算术、几何、文法以及初步之伦理学、论理学、形而上学与政治学；在初等学校更学适于普通职业的教育，在高等学校则学外国语与全部之科学。他的教授原则即为顺从自然。

---

❶ 同"刺激"。——编者注

第五章 近代的教育 ‖

英国人洛克（Locke，1632~1704）也是对教育有直接贡献者。他著《关于教育的几种意见》一本小书，实在这不是讲教育一般的，而是讲漂亮的绅士该如何教养的。他的标语就是一般人熟知的"健全的精神寓于健全的肉体"。所以他最先讲体育，详述运动与卫生之规则；其次讲精神锻炼法，要节制欲望；然后论学科及作业旅行等事项。

再有一位必须说到的便是卢骚（Rousseau，1712~1778）。上文说过，他是法国资产阶级的代表人物，在政治上，发表《民约论》，在教育上便发表小说《爱弥儿》（Emile）。他的教育理想，在排斥旧时代之传说与文化，欲脱离一切人为的制度而复归于纯然的自然；虽是偏于空想而无补于实际的教育，然当"耶稣会"派旧教占有势力，贵族僧侣依然榨取平民而使平民深感课税之烦重与压迫之苦的法国社会中，他却于发表"社会契约""人权天赋"的"学说"之后，又发表这样的一部《爱弥儿》，自然一方面要受一般社会所欢迎，而他方面则要受贵族僧侣的嫉视，故终于逃到日内瓦去。我们于《爱弥儿》中即不难看出他的教育意见，实为资产阶级的要求之表现。第一《爱弥儿》虽不明说是何等人，但当是个富贵人家的儿子，因为卢骚认定贫贱儿不必受教育；《爱弥儿》在出生复一年间要受那样美满的周到的肉体养护，更非贫苦父母所能办到；一切教育要在家庭中请家庭教师负责，更只有所有阶级有力及此；至于不注重女子自身幸福，而只使女子做个良妻贤母，供男子享乐之用，更是私有财产神圣时代视女子为所有物观念之十足表现；其他偏于极端的个人主义而忽视社会方面，排斥特殊的职业教育，排斥古文学及宗教教育，都是新兴资产阶级生活之反映。这种教育思想之所以能刺戟康德，感动裴斯泰洛齐福勒倍尔者，也即为此。

第五章　近代的教育 ‖

所谓泛爱派之教育

发展卢骚的教育论，且适用之于学校教育者，另有德国的泛爱派。其名称由巴西多❶（Basedow，1724~1790）所创的泛爱学校而起。此派教育之目的，在巴西多的《方法论》中说及，即在准备儿童为公共的国家的生活；并说公共教育为使国家幸福之最确实的手段，故主张国家的教育。这当是适于普鲁士王国兴起后之支配阶级的要求者。不过在名义上，称之为泛爱的宇宙的教育而已。——他的泛爱学校本是受贵族之援助的。继他而起者，尚有撒耳士曼❷（Salzmann，1744~1818❸）坎拍（Campe，1746~1818）。

泛爱主义之运动，在18世纪之英美，也颇为发达。英国于本世纪之初已有近代工业，

---

❶　今译为"巴泽多"。——编者注
❷　今译为"萨尔兹曼"。——编者注
❸　应为"1811"。——编者注

贫苦之劳动阶级占全人口六分之一，没有受
教育机会。于是有所谓基督教知识普及会者创
办慈善学校，教授穷人子女；至 18 世纪中叶，
在英格兰与威尔斯便有学校数 2000，学生数
5 万。在美国，也由该会之外国福音宣传协会
发起慈善学校；另有德国人之普及神的智识运
动。1780 年，英国有与慈善学校异类之学校
即星期日学校发生，除向劳动者宣传宗教外，
也教读书；至 19 世纪之初，有学生 50 万人，
至中期殆有 250 万。此种制度不久即传入美国，
专施宗教教育。如斯，新教势力随资本主义之
发达而增大，可见两者间之关系密切了。

18 世纪教育之一般倾向

要之，18 世纪之教育倾向有几点可以注
意：（1）是现实的，渐以接近实❶生活为教
育目的；（2）是自然的，此与现实的倾向相

---

❶ 疑为"现实"。——编者注

关连，且因此又发生合理的倾向，在宗教、法律、政治、道德、教育各方面皆有表现；（3）是改良主义的，如敬虔派，泛爱派，慈善运动皆以社会服务社会改良为宗旨，贫民学校、星期日学校等组织由此以起；（4）是国家主义的，这是与上项所谓"社会"的倾向互有关系者，乃近世国家发达后所生之现象；1794年之普鲁士法令，明言学校及大学为国家的组织1763年法兰西议会中有"国家的教育论"发现；至本世纪末便有国家的组织之学校案提出。

（中）资本主义发展时代之教育

四、世界资本主义化与教育

产业革命

产业革命是从18世纪后半至19世纪初

叶起于英吉利经济上社会上之一大变革。产业革命之前提，是在于科学智识之进步与机械之发明，已在前节述过。自此以后，资本主义即完全确立，而由青春成长期进于壮年活跃期。其最先直接之变革，即为工场生产之产业组织，形成了近代社会之根本的经济制度；无数劳动者都隶属于生产手段所有者之资本家，变为一种工银生活者。资本家爬上政治舞台，掌握一切权力；金权戴起王冠，而我们的教育也不得不跟着工场生产制而趋于商品化。

世界资本主义化之进行

资本主义机械产业发生以后，自由主义即在各国占得决定的胜利。先在英国于自由贸易自由竞争原则之下，表示产业之跃进的发达；法兰西承受其波，因有 1848 年二月革命之发生；其后德意志联邦成立，意大利也成

第五章　近代的教育

为独立王国；连东洋的古代的封建军事帝国俄罗斯，也因工场产业与自由思想之输入，遂有 1861 年农奴解放之命令。他方在美洲有合众国北部之急速的产业资本主义化与奴隶解放的南北战争。如斯，资本主义之自由主义为世界规模之发展，而各国为确保与独占经济的势力范围计，遂有获得殖民地争取原料而侵略领土之军国主义与国际战争时代开始。中国、印度、安南 ❶、朝鲜、埃及、中美、南美，澳洲、乃至南洋群岛、非洲等处，即为此而先后落于殖民地之地位，变为列强压迫下的牺牲。我们的教育，也随世界资本主义化的进行而改变其制度与内容。

现代世界文明之发达

在产业革命以后 100 年间即 19 世纪西洋文明之发达与其历史的特质，也有大可注意

❶ 越南古称。——编者注

者。人类征服自然的武器——生产力今已由简单的工具而成为复杂的机械。以这时代之英国为中心的机械之发明与改良，普及于世界；汽船、火车、电报、电灯、以及电动力之应用，使这世界打成一片。其他诸科学之进步也决不劣于机械工学；能力不灭说、生物进化论、X 光线与镭之发见，实为这时代最伟大的科学功绩；医学、物理学、化学、天文学等之外，经济、政治、法律等社会科学之发达，尤堪注目。就中德意志在 19 世纪末之勃兴，除政治的经济的关系以外，即因在学术上大有进步所致。

哲学方面自康德以后有黑智尔 ❶ 等，虽盛行理想主义哲学，然在这时代末期，有为物质科学所压倒之势。生物进化论渐能支配最近文明世界之新思想界，将由此确立物质科

---

❶ 即"黑格尔"。——编者注

学的世界观，完成希腊以来之唯物论哲学。

资本主义教育的特征

19 世纪是资本主义发展的时代，已如前述；教育所受于此的影响，最显著之一点，在学校变成"观念"制造工场，每年生产大批的观念制成品，送往社会以供应用。而国家思想战争思想，也跟着产业发展之要求而奉为教育上之要旨。另一特色，却在谋教育之普及，因有所谓强迫教育或义务教育之名称。原来资本主义社会的支配者与前一时代即封建社会的支配者之要求有不同，因之教育也有差别。我们为明了计，最好拿来比较一下：

第一，封建时代对庶民不施教育；但资本主义时代要对全国民施所谓强迫教育。

第二，封建时代之教育差不多全是道德

教育；但资本主义时代之教育扩大了范围，要以传授日常生活上之知识技能为目的。

以外不同之点固然尚有；但上述二点，却是根本的差异。那么，这有何种理由？

第一，封建制度之经济的基础是农业。在农业上，只要每日跟长辈往田野耕作，就可从经验中学会种植、施肥、除草、收获等生产上必要的事项。而且它的经济为地方的小单位，自给自足。因此，在以农业生产作为社会主要产业之封建时代，庶民就无研究学问之必要。即使"目不识丁"，也尽能从事生产事业。

然至近代，情形便不相同了。经济基础是大工场生产与国际的通商。小小地方的自给自足，已非人们之所望。人们的理想乃在大大的商品生产与国际市场之获得。我们即

第五章　近代的教育 ‖

可就工场生产与通商上来考察教育之关系。在工场生产中，不学的人与多少能读写的人，从最初就发现能率之不同。虽然也有一些事件，即无文字也可即刻学会。但试问问在纺织女工之眼前所运转的机械之名称，就会知道她们之要记住这些名称是如何的苦心。故今日在工作本身，就需要读写。又若在自给自足之封建时代，货物之搬运，仅用手车马车尽足应用；然在资本主义时代，要用汽船、火车等等，一切牌号记载，皆需文字。以前的苦力轿夫，无识字之必要。今日的汽车夫、司机人，若不识字便不成了。由此观之，资本主义之经济组织自身，实需要文字之读写。若用人道主义的见地来解释教育之普及，殊未见透教育普及之实在原因。对国民施义务教育之理由，并不以国民自身之幸福为目的，而是准备把国民之劳动力可以适用于它的经济组织。故此种教育之普及是有其最低限度

的，即所谓义务教育年限是。倘照人道主义
者的想法，认教育之普及真以国民之幸福为
目的，那么，为什么穷人的子女，即使非凡聪
明，终不能有如富家的低能儿之自由入学呢？

第二，封建时代差不多以道德教育包括
教育之全体；而资本主义时代之教育，却扩
张其范围，要注重"日常生活所必须之知识
技能"；这个理由又何在呢？这在明白第一
项理由的人，是立刻可以推知的。因为封建
制度是仪礼的制度。所谓"礼仪三千，威仪
三百。""无礼"便算"犯上作乱"。食诸侯
之禄的武士，各视其禄而定身分之高下。在
封建制度中，自由竞争为绝对之禁例。故封
建时代之教育，差不多以道德教育占教育之
全部内容，而以使人人"安分守己"为主旨。
然至资本主义时代又怎样呢？凡在资产阶级
掌握政权之处，一切封建的主从的诸种关系

都受破坏。使人与人相结合者，只是赤裸裸的利益，冷酷的计算。宗教的之热情，武士的之感激，都沉溺于冰冷的个我之打算中。把从来博得名誉与尊敬的一切职业，全剥去了光辉；无论是医生，是法律家，是僧侣，是诗人，是学者，皆转化为他们所雇用的工银劳动者。在这样的社会环境中，它之注重"日常生活上所必须的知识技能"，自有其必然的理由，我们当不难明白。

至于资本主义制度下的学校教育，实具有如下的三大任务：（1）对未来的劳动者教以对资本主义制度之依从与尊敬；（2）从青年中，养成支配人才；（3）奖励科学研究，由科学之技术的应用，以助生产而增加利润。

十九世纪的教育思想

今就这时代之主要的教育思想略述如下：

最先可说者是康德（Kant，1724~1804）。他实是哲学家，而他的哲学为 18 世纪末德意志资产阶级革命的实践之理论的表现；他的哲学之历史的意义在此。他论教育，重实践理性之发达；说各人之生活为各人之目的。他所受于卢骚的影响本来甚深。而 19 世纪教育之进步源于卢骚与康德者便也不少。这种进步，又可别为五项：

（一）关于教者之进步

自阿尔琴时代至新教勃兴，教育殆全在僧侣之手；然自后，特别是法兰西革命以后，从僧侣之手夺回教育，渐委之于俗人之手；又从教会分离教育，渐移之于国家。

（二）关于学者之进步

中世纪受"书本上之学问"的教育者殆以僧侣为限。宗教改革与文艺复兴虽把此种学问及于富者阶级，但贫民阶级或劳动阶级是无关的。至 19 世纪则有教育不可不普遍之一般的舆论。

（三）关于教材之进步

教育在僧侣之手时，研究题目以关于宗教及超自然物者为主；然教育一入于国家及俗人之手，便注意到自然及在自然的生活。

（四）关于教授法之进步

古的教育方法是注入暗记，重容受不许深究，鞭责成为必要；新教育则是为自由的有理解的，直接研究事实以谋发达知力，"儿童研究"渐渐引起注意。

（五）关于教育目的之进步

旧教育之目的在为他界、来世之准备，贱视现世生活，对肉体不仅忽略，还加虐待；新教育虽不否定永世，却要竭力利用现世，谋实践个人的、家庭的、社会的、政治的义务，以得个人之最高发展为目的。

上述各项进步，自然为当时生产力发展所实际要求者。而于以下诸人的教育思想中却可见出其特征。

依从卢骚与康德之方针——即向着自然与理性，而使教育大有进步者，当推裴斯泰洛齐（Pestalozzi，1746~1827，瑞士人）为第一人。他虽生于 18 世纪中叶以前，但在精神上，尤其在活动上是属于 19 世纪的。虽不是富有学问，也无体系，惟深信国民，厚爱儿童，具有热心肠的人，确可视为近代普通教育之父。他的感情之深切固极有似于他的先辈卢骚，但与卢骚不同者，是充实着高尚道德与义务之观念。这一不同之点，就是使他终身尽力于可为从恶德堕落及不幸中救出国民惟

第五章　近代的教育 ‖

一手段的教育之由来。他的实际之结果，原不容易评价；他的著述又带有感伤与混乱；但他在一切方面给与教育以新精神与新范围上终算是成功的。特别可注意者，为他之主张教育当普及于国民全体；又主张教育方法与其用言语不若用事物，用法则不若用事实。他主张教育目的不仅修养知力，又当修养感情，道德的判断及意志。他并以为儿童不当单学知，又当学行，故主张教育应大部分由手工而成。

裴斯泰洛齐所得的成功，不在乎深切的计划与明了的理想，而在乎他之热诚的人格之感化力。若说卢骚是对于自然的近代的爱之亲，那么，裴斯泰洛齐是对于儿童的近代的爱之亲，惟由这种爱才使教育从严谨的抑压的训练，趋于温和的深切的指导。在裴斯泰洛齐，是所谓由于自然的教育之卢骚的要求，

与所谓各人之生活当视为各人之目的的康德
之要求，冶于一炉，而由浑融的爱以实现者。
裴斯泰洛齐之后，人人皆以新的眼光看儿童，
具新的兴味待儿童，感到在自然与文化之世
界中将儿童放在真的关系上之重要。一切的
近代教育也可说是呼吸着裴斯泰洛齐之这一
种精神的。

　　裴斯泰洛齐的教育一反于旧教育之重记
忆，用权威；而专谋发达观察力与概括力，且
一味凭爱以进行；也难免为一种"矫枉过正"；
他在教授上一切实验之失败当在于此。弥补
他的体系之缺陷以渐趋于周密完全者，是他
的弟子们之事业；其中有力的人要推海尔巴
脱、福勒伯尔及贺列斯曼。

　　海尔巴脱（Herbart，1776~1841，德国
人）之事业在结合旧教育方法与裴斯泰洛齐
之方法，而认知识获得上记忆作用与心的构

成之重要。他以为教育方法应依心理学而定；教育目的在培养道德的性格。他任大学教授，要把教育哲学化；著有《一般教育学》与《教育学讲义纲领》等书，被称为"科学的教育"之父。然他的体系含有机械的宿命的要素，心理学又属旧式；此种缺点要由他的后继者来补正。

能将裴斯泰洛齐所开始的事业最善地谋进行者是幼稚园教育的始祖福勒伯尔（Froebel，1782~1852，德国人）。他委身于教授，最后尽力于初等教育。原来他幼时失母，受继母的虐待，后因学费不足，不能终习大学学业；故他之办幼稚园，可说是单纯的人道主义。

贺列斯曼（Horace Mann，1796~1859，美国人）是美国新教育进步之第一个最有力者。在19世纪之初，主张普通教育者固非无人；但十分理解国民之要求而谋用实际方法以

满足其要求之第一人，实是贺列斯曼。他和
为"教育哲学家"之海尔巴脱、福勒伯尔等
不同，而是一个"实际家"。他忠实于清教徒
之所谓"民主的"理想，知道人民必要之为
何。最要紧的便在复兴由清教徒所创始而今
已衰微的公共教育之组织。他在教育上所主
张之要点，有如下述：

（1）"民主主义"之教育是公的，不可不
平等地普及于各阶级。这是希望教育得从阶
级中解放出来。

（2）教育当基于科学，不可依附于教权。
教育应使儿童直接接触于自然与文化之事业，
使他们能作成自身之归纳法。认裴斯泰洛齐
之方法是真实的。

（3）教育当奖励真之宗教，但应脱离宗
派的偏见，又宗派自身不当干涉教育。这是

希望教育得从超自然主义中解放。

（4）教育为对于家庭的经济的社会的政治的生活之准备，不可专谋珍奇的学识，高雅的学问之上达。教育之目的当为道德的及社会的人格之完成。

（5）教育当亲切地顾虑儿童之性质。一切粗暴行为及体罚务必避忌。

（6）教育当在设置良好图书馆与新教授方法所必要的一切器具之学校中行之。

（7）教育当由认教授为自己天职而又十分熟练的教师者专行之。为此有设特别训练他们的师范学校之必要。

（8）学校当与男子一样地为女子而开放，教师之职业也当以男子一样地为女子而开放。

（9）教师当常得聚会的机会以相互奖励。

（10）为使以上诸项可以实现起见，国家当不吝费用；又当视这项财产是为市民教育的委托物。

贺列斯曼的那种主张，因为适合当时已经发达的资本主义之要求，故后来美国教育之实际不特实现了他的主张，且更进而发达幼稚园，使"儿童研究"成为科学；高等教育学校数之多竟还超出全欧罗巴以上。

除上述诸人以外，尚有二人之教育思想可述。一为德国之斐希特，一为英国之斯宾塞。

斐希特（Fichte，1762~1814）是个国家主义的教育论者，当德国在耶那大败后，特往柏林公开讲演；有名的《告德国国民》便是讲演的笔记。据他的教育意见，"新教育"是陶冶学生具有纯道德性的确实的技术；所谓纯道德性是特立独行之自己生活；由于这种新教育以陶冶德国人为一个全体，乃是吾人之目的。其要点便在：（1）发挥国民精神；（2）从法国所受的屈辱，是德国国民怠慢与卑屈之结果；（3）要雪耻，在养成对于国家之明了的见识。故他的教育宗旨，可说在陶冶"德意志魂"，叫国民都信从国家为永远存续的团体而不惜牺牲。

斯宾塞（Spencer，1820~1903）是根据进化论，组织综合哲学的学问家。1861年出版他的《教育论》，其中以"怎样的知识为最有价值"一文最值得注意。他解释教育意义为"完全的生活之准备"，以为当由生活的见地规定教育的价值。至所谓完全的生活以具有下列五种活动为必要：（1）直接支配自己保存的活动；（2）间接支配自己保存的活动；（3）关于子孙教养的活动；（4）关于社会的政治的关系之活动；（5）满足趣味及感情，消遣

闲暇之活动。教材的价值要依据这些见地来
评定。关于第一项的教科目为生理学；第二项
的教科目为数学、理科、社会学；第三项的教
科目为育儿法及心理学；第四项的教科目为历
史及社会学；第五项的教科目为文学、美术。
照他看来，惟科学为最有价值。

19 世纪之学校教育

以下试略述实际教育发达之情形。

一般地说，在 19 世纪各国之国民教育固
有长足的进步，然进步最著者莫如德国。

欧罗巴各国中在国家的教育上最着先鞭
之普鲁士，至本世纪已告完成。自 1806 年
耶那大败，政府即设置教育局，力谋国家的
教育之实现。目的是造就爱国的公民。教材
教法皆加改善，养成小学教员也采用新精神，
对文科中学教师且行严密的试验，以后复任

第五章　近代的教育 ||

命教科改善委员，作成广泛的教科课程。至
1850 年的普鲁士宪法，更完成了国家的组织，
分教育区，设视学官，举行市乡学校会议。
这样由中央集权之统一固已可能；但会议员是
宗教家，视学也多为宗教家，且重宗教教授，
故尚未能从学校驱除宗教势力而完成学校教
育之独立。即到了 20 世纪改变国体之后，宗
教教授虽得自由，而宗教与教育之问题还是
不得解决。

初等教育在 19 世纪，注重提高程度，改
良教授，养成师资等；小学学制是分为国民学
校及中学预备科之所谓"双轨制"，前者专收
贫苦人家的子弟，仅受八年之义务教育，不
得升学；后者是富贵子弟之教育所，三年毕业，
然后升入各种中学校。至欧战后，此制才经
改变，即废止中学预备科。

中等教育之改革，最初是在 1800 年至

1840 年，曾由多方陶冶之见地行施三项新制：一为中等教育养成之制度，使中等教员之职独立，不再为预备加入教会生活之神学者，从而教育成为哲学的教育；二为教科课程案之成立，以拉丁语、希腊语、国语及数学为主要学科；三为毕业试验之制度，以通过古典语为条件；试验不通过，不得入大学。其次在 1840 至 1870 年有二项显著的倾向：一为对于人文主义而提倡宗教主义，一为集中教科于一主科以避负担过重；然为反抗对于自然之压迫，却产生了实科中学。再在 1870 至 1900 年间，为俾斯麦时代，自然科学回复了地位。威廉第二曾有演说，谓从来的教育不是国民的教育，也不立基础于现代；徒为言语及文法之教育，为准备毕业试验拉丁文论文之教育。这当可视为代表一般思想之倾向与当代之精神者。至 1910 年以法令承认中学校实科中学校及高等实科学校三种中学之同权，修业年限各为三年，收受满九岁以上的儿童。中学校注重古典语，实科中学校注重自然科学，高等实科中学校则注重自然科学及近代外国语。此外又有副文科中学、副实科中学及实科学校三种六年制的中学，收容无力入九年制中学的学生，但除最后一种外不甚发达。

大学教育之发达，以1810年柏林大学之建设开始。大学教育之目的，以科学的研究为主，教授为副，正与18世纪所立大学之倾向相反。有人说这种倾向支配19世纪德国之大学教育，国家仅负物质供给与外部秩序之责任。德国大学内容之完备称为世界第一。每一大学概分神学科、法科、医科、哲学科；哲学科又分为二：一哲学与文学科，一理科。大学年限三年或四年。与大学同程度之实业教育机关，因实业之发达，也在19世纪出现，如工业大学、农业大学、商业大学等就是；此外更有陆军大学。

女子教育也在 19 世纪大为发达。向来惟上流女子在家庭学习法兰西语、拉丁语等；下级平民的女子全不受教育，仅从母亲学习家事而已。至 19 世纪初，才有为上流女子的学校成立，称为高等女学校；然女子学校之发达，尚在 1870 年代之后。

以外如法国，在 19 世纪完全形成了中央集权的教育制度（由地势与国民性等之关系所使然）。法国对于女子的教育，早在 18 世纪末期有人提议，其理由是：一为教儿童，一为对男子职业发生兴味，一为男女关于教育有同权。又在 1795 年已在巴黎设立高等师范学校。至拿破仑之大学区制（1806 年至 1808 年）成立，教育就与军事同为国家之事业。1833 年规定国家有小学教员任命权，又决定俸给。

第五章　近代的教育

　　英国教育之国家的统一，远在德意志及法兰西之后。虽至1918年之教育法令，尚要删除中央集权之语才得成立。故英国之学校教育可说是由教会、国家、地方、私人及慈善五方面各要素之妥协以发达的。然从18世纪末至19世纪初，有亚当斯密、边沁、奥文❶等曾唱导❷一般教育之必要。又有兰卡斯特、倍尔等从事实际教育之改革，确立了初等教育之基础。他们组有内外学校协会与国民协会，设立学校得有国家之补助。1802年之工场法限制儿童劳动，并规定徒弟教育之义务，也可视为国家的一般的教育之起源。1870年通过福斯泰法案，强制地方教育税，公布义务教育，虽私立宗派学校也受补助金，由是小学教育全受政府之监督。1899年中央政府设中央学务局，兼有中等教育视察权。至大学之国家的经营乃是1910年大学局设置以后的事。

---

❶　即"欧文"。——编者注
❷　同"倡导"。——编者注

美国也于 19 世纪后半完成了各州的公共教育制及免费制之组织，至 20 世纪且有各州统一之计划。

五、社会主义运动与教育

劳动者之社会主义运动

由于产业革命之资本主义的确立，创出了所谓工银奴隶之一新的社会大集团，此等工银奴隶之人数因产业资本之蓄积而益增多，且生活愈陷于穷困；更因恐慌与战争时有失业并丧失生命之危险。这样资本主义之社会组织，自十九世纪初年以后，即产生了憧憬于未来的平和与幸福之新社会而欲试行其理想的设计者；如法兰西的圣西蒙❶、傅立叶，及英吉利的劳勃脱奥文三人，实为空想的社会主义者之先驱。又有蒲鲁东在法兰西提倡无政

❶ 即"圣西门"。——编者注

府主义思想，经俄罗斯的巴苦宁与克鲁泡特金之宣传，一时人道论者为之风行；克鲁泡特金更对生存竞争说而主张互助论，从生物界之部分的现象类推，以为只要破坏人类社会的权力与财产之害恶，便可实现绝对自由之无政府共产社会。其他取材于社会问题的文艺作品也有许多。种种理想主义的思想之流行，也为这时代之特征。

就世界劳动运动之进展言之，为资本主义祖国之英国，自然也为劳动运动之祖国。工会之组织，早在十九世纪初期实现；至1864年便有"国际劳动者同盟"即第一国际宣告成立。此后各国的工会组织与政党组织，到处发展，凡为资本主义侵入之处，无不有社会主义运动之存在。

独立劳动者教育之开端

因为英国是产业革命的发源地，劳动运

动也比其他任何国家为早，从而劳动教育运动也开始得早。本段将专述英国劳动教育的状况。

英国劳动教育运动之起源，可说远在19世纪之初叶。当时教育机关有机械学讲习所（Mechanics Institute）相互教育协会（Mutual Improvement Society）以应劳动阶级之教育需要。但这种教育运动，并不是劳动者的独立教育，而是在上流阶级恩情主义之下所发达的。惟 1842 年创始的人民大学（People College）才是英国劳动者独立的教育运动之先驱。这时候工会劳动教育运动也逐渐发达，1853 年即有与此运动关联的劳动者大学（Working Men's College）设立。这样，一方面新大学陆续出现，他方面大学扩张运动也盛行。在 1880 年前后，这一扩张运动达于顶点；惟因劳动者无管理权，故终于衰落，至 19 世纪之终，成人学校运动殊有贡献于一般劳动者教育。1903 年 8 月复有劳动者教育协会（Workers Educational Association）成立；协会运动中之最有力者为大学教育普及学级（Tutorial Class）运动，其发达情形容后再述。

（下）资本主义没落时代之教育

六、帝国主义国家的教育

资本主义末期与世界大战

我们的教育史如今要进到尚在我们记忆中的 1914~1918 年空前的世界大战之幕前了。自资本主义征服全地球，列强分割世界，即从 19 世纪末之 25 年以来，世界便渐入于所谓帝国主义之时代。这时代，金融资本占有势力，资本愈蓄积，生产愈集中，国家的政治经济外交军事，皆归少数财政家所支配，形成了金融寡头专制的权力。各国为扩张本国之投资区域与势力范围，夺得原料产地与销货市场，势必引起战争。世界大战的原因就在帝国主义列强之侵略政策与霸权竞争。

又帝国主义时代，因生产集积达于非常的高度，在国家保护之下独占了市场与原料，为从来技术进步之推进力的自由竞争归于消灭，于是资本主义之发展到了最后的阶段，从此停滞不进，即所谓末期来临。

在这时代，劳动大众愈加穷乏，产业预备军益发增多，但他们反抗势必愈烈；殖民地被压迫民族也企图独立解放，由是资本主义的国家，就发生危机，他们为维持他们利益，不得不多方面的谋缓和冲突，于是改良主义议会主义等等遂应运而生；更有学者在思想上向大众宣传爱国社会主义，高唱防卫祖国。我们且就来看教育界所表示的倾向。

帝国主义时代的教育特征

帝国主义时代的教育，显然有三种特征可说：

（一）"舆论生产"之集中

因为资本之集中，就跟着发生所谓舆论制造之集中。除新闻、影片、无线电音（radio）等为资本家所独占，作思想支配的利器以外；学校、科学以及体育等关于教育的事业，也无不操在资本家手中。这里试举集中化的资本影响最大的美国为例。当代有名的美国文学家辛克莱（Upton Cinolair）曾发表对于美国高等教育机关的研究；他说一切上级学校无不受托辣斯 ❶ 或银行的支持；一切大托辣斯或

_____
❶　英文 trust 的音译，常译为"托拉斯"。——编者注

一切大金融团体，皆有"自己所有"之大学，如纽约的哥伦比亚大学就属摩根所有；以"民主主义的"传统有名之哈佛大学也由与摩根结合的银行所维持。摩根洛克菲勒对于美国的国民教育与科学也有重大意义。洛克菲勒基金之一部，投于科学的研究所，医疗事业（中国北平之协和大学及医院，即间接为了美孚油之帝国主义的目的），传道队等；一部则投于国民教育，教儿童信奉洛克菲勒宗。科学的卡纳其基金也具同一作用，即为了钢铁公司之利益而使用。

与一切教育团体及慈善团体全然一样，教会也为资本而服役。如世界各地遍设的基督教青年会（YMCA）即受大资本家的供给，当作美国帝国主义政策之先驱而活动的。

在欧罗巴诸国，学校制度虽握于国家掌中，也不免此种关系。如德意志在暴落期，科学的设施即由托辣斯与以直接之物质的维持，可以推知。

近代的科学以有需多量经费的研究所，实验所及研究上的特种设施为必要。今日的发见，大都是集团的协同作业之产物，技术的完成是在工场研究所或由托辣斯出钱的特殊设施中做的。

帝国主义者之思想的支配不惟贯澈 ❶ 学校教育，也且贯澈新闻、杂志、讲演、图书馆、演剧、文学、娱乐等等一切"文化"机关。

（二）支配者思想之灌注

上述由资本家团体办理一功 ❷ "文化"，自然支配者思想到处流行。现在再从教科内容及教育旨趣上看，更易清楚。如小学教科书，

---

❶ 同"贯彻"。——编者注
❷ 疑为"一切"。——编者注

尤其是修身或公民科的，其教材多重在养成勤俭、储蓄习惯、拥护私有财产，等等；在高等教育上，试举日本之例：1918 年所公布的大学会，规定大学目的为"以教授国家所须要的学术之理论及应用，并攻究其蕴奥为目的；兼应留意于人格之陶冶，国家思想之涵养"。这里所以要特提"人格之陶冶""国家思想之涵养"者，是因当时日本已走入资本主义没落的阶段，社会的矛盾斗争日趋激烈；支配阶级所希望于大学者，不仅止于产生资本主义的生产所必要的技术家与学者，又在产生肯意识地维持支配者权力的那种"人格陶冶""国家思想涵养"的人物。所以对于构成资本家的社会所必需之学问，如法学、政治学、经济学，等等，奖励研究，并且努力宣传；然对于它有不利的学问，则尽量压迫；因此，学生的社会科学研究会组织与"左倾教授"都要受解散排斥。他如奖励运动竞技，

注重军事训练，也是直接或间接灌输支配者
思想之手段。

（三）抽象的观念之创造

当资产阶级初兴，保有革命的实践时，
为对抗封建贵族权力计，也曾高唱唯物论与
无神论；但至 19 世纪后半，资产阶产已中止
了革命的实践，资产阶级的思想家便倾于观
念论的、神秘论的、颓唐趣味的意识形态，
而指摘唯物论与无神论为人类之耻辱，且更
增加对被支配阶级之意识的欺蒙之程度，换
言之，即增加御用哲学化之程度。尤其在最
近世界战争的极大破坏、经济的恐慌、社会
的危机、资本主义制度之运命的崩溃过程，
等等客观的现实之前，资产阶级愈不得不感
到绝望，怀疑，恐怖与悲观。这时期在教育
上，也就高唱抽象的精神的空疏而神秘的观
念，有如养成国民道德，促成世界和平，"劳

资协调""中正稳健""博大慈祥"等等，都属静的抽象观念之题目。最显著的例，又莫如 1928 年检举共党后的日本教育界，竟到以添设日本佛教史、东洋美术史、东洋伦理学、日本思想史、国民道德等大学讲座及奖励研究哲学、伦理、宗教、历史等的所谓精神科学，谋普及唯心的思想，以排击为危险思想之根柢的唯物的思想。这真是近代政治之逆转的倾向，即所谓"封建化"之一特征了。

这时期的教育思想与实际

若就这时期即 20 世纪初期支配阶级方面的教育实况观之，可略述如下。在思潮方面，因十九世纪有新成立的二大科学，即生物学与社会学，故有若干教育学者要适用生物学的原理于教育，要以社会的考察做基础。还有心理学也在 19 世纪改进发达，注重实验研究；实验教育学及近来盛唱的知能测验，即能

第五章 近代的教育 ‖

实验心理学在教育上之应用。又从 19 世纪末至现代，当作科学万能思想之反动，主知主义之反动，则有以情意为中心，以主观与理想为根本之倾向发现；在教育上便产生个人主义的改革论，艺术教育运动，人格的教育学，及基于精神科学的心理学之教育论。但为弥补资本主义社会所生缺陷，在教育制度上颇有许多新设施，有如特种教育（对盲聋哑白痴等儿童）、补助教育、感化教育、职业教育、儿童保护、女子教育、通俗教育等是。

至 20 世纪的学校教育，德国于世界大战后，为适合所谓平民主义的国体起见，将以前的中学预备科废止，凡国民一律受四年之共通的基础学校之教育。英国于 1918 年强制补习教育，制限幼年劳动，普及幼儿设施，并体育设备。美国有设立中央教育部之运动，实业教育集权于中央。其他如上述之特殊教育补助教育以及成人教育，也算发达。

七、劳动者的教育

英国的劳动者教育

英国劳动教育之发达情形，前已述过。本段可继续讲"劳动者教育协会"之活动。该会以志愿求教育的劳动者为会员，最初仅教授在劳动者认为必要的教科知识，今则注重自学自习，与各大学各教育机关连络，应劳动者之要求以派遣讲师。为该会有力事业之 Tutorial Class，自 1906 年创立以来，至 1919 年止，学级数达于 8000。又该会之教育纲领，主张在原则上"自小学至大学的教育阶段为免费教育"，并对教育制度提出改造意见。

其次可注意者为拉斯金大学（Ruskin College）及中央劳动大学（the Central

Labour College）、新劳动大学（the New Labour College）等。

拉斯金大学原在 1899 年创立，当初颇富有社会主义的色彩，但以后渐渐丧失此种气概，至 1909 年，学校内部发生罢课，中央劳动大学即为从该校分裂而成立者。中央劳动大学宣言该大学创立之基础在拥护劳动者利益所必要的训练授于劳动者；更由劳动者团体管理该大学。可见该大学的教育实为"独立劳动阶级的教育"（Independent Working-Class Education）。至新劳动大学便比较是保守的、缓和化的。除中央劳动大学以外，尚有为该大学组织者及维持者之平民同盟（the Plebs League）也以独立劳动阶级教育为目标，刊行月刊杂志 The Pleb。目下可认为劳动文化运动之重要机关者，便只中央劳动大学与平民同盟。平民同盟编辑劳动者大学所需用的各项教科学及百科辞典。

美国的劳动者教育

1906 年在纽约成立之 The Rand School of Social Science 为美国最初的劳动者学校，主要学科为社会的科学——历史、政治、经济等，英语与公众演说；教科书视移民之种类而分为数种国语。1911 年在纽约成立后移于纽杰西之近代学校（Modern School），是为儿童教育与训练自由主义之寄宿舍学校，男女同学，发刊自己印刷的月刊杂志。1918 年在纽约组织"劳动者教育协会"，维持费全由工会担任。李雪文尼亚的工会于 1920 年设立本身的教育机关 Department of Education。波士顿在中央劳动同盟的保护之下，组有商业组合大学。然就大体言，美国的此类学校并不能算为真正劳动界文化主义者之学校。

第五章　近代的教育 ||

德国的劳动者教育

德国的革命运动家很能理解独立劳动者的教育之必要，他们曾于大战后为完成劳动者文化计划而集会，认现代的出版、学校、影片、教会、文学等称为文化的集团，不过是资产者之军械库，劳动者必须自行组织劳动者的文化；且革命必须预期新文化之建设，故以为德意志有集中劳动者的文化集团之必要。至在实际方面，伯林 ❶ 有一个劳动团体，原为出版所，但其活动性是教育的。但有学校，并发行出版物。该校的教育宗旨不在使劳动者获得"一般的知识"，而在使他们具有实现社会主义的可能性。

苏俄的新教育

在以前地主专横时代，俄皇有无上的权威；他们都希望一般平民无知无识，故全国不

---

❶　今译为"柏林"。——编者注

识字者居其大半；即所有学校也受牧师、富农、乡村警察的严重监视；一切教师皆受重大的嫌疑；教材内容都含有宗教色彩和迷信的性质；对社会事情的研究是不许可的，对自然科学的教授也大施拘束。俄国原有一半国民不是俄国的土著；对于俄国语言文字多不懂得，而俄皇却禁止发行非俄文的文学或新闻，强制一律用俄国语教学。国民学校毕业的，不能入中学；但对贵族的儿童设有许多学校。对成人教育绝未注意；兵士不得受识字的教育。由此可见 1917 年以前沙皇治下的教育是极贫乏的。

革命八个月后的临时政府，虽无多大建设，然一切束缚已一概推翻，人民开始得到自由。

至十月革命，苏维埃政权成立，教育遂开始一个新的局面。苏俄教育人民委员会最

第五章 近代的教育 ‖

初的命令，即褫夺教会之权，使一切学校皆脱离教会之关系。1918年决定在各级学校中皆采男女同学制；并公布在苏俄境内的任何民族，都有组织或设立其本国语言科目之权。是年又定统一劳动学校的制度，内分二级，年龄从八岁到十七岁；凡农工的儿童皆得入学。对于幼稚教育，定为全学制的基础，且和卫生健康部的工作联合进行。此外有育婴所，有暑期幼稚学校。

在学校以外，对于"驱除文盲"的工作，尤为努力。无论在乡在市，皆有许多为不识字或识字不多的人所设之学校；另有农民学校、农工大学、读书室等。

赤军也是一种文化的中心。兵士除受军事训练外，还有教育讲演。他们都成为向一般民众实施教育的要素。

青年被认为未来时代的建设者，故对于青年组织，如少年团、青年同盟等，非常重视。

出版物之发行，科学研究之发展，艺术之奖励，影片及无线电音之利用，皆逐年进步。

八、教育的国际运动

在帝国主义反动势力与反帝国主义革命势力相对峙的现代，教育上也发现两种的国际运动。属于前者是世界教育会议及国际和平教育运动；属于后者是教育劳动者国际。

世界教育会议由美国全国教育者协会发起，在和平主义名义之下，得美国政府之同意。于 1923 年在旧金山举行第一次大会；当有美国一富豪寄赠一百万元美金，祝贺会议之成立。以后每二年开会一次。该会虽规定"对

政治及宗教绝对中立"；但 1925 年在爱丁堡
开第二次大会时，却有高僧前来祝福。

　　然欧洲大陆各国教育者对美国帝国主义
的那个世界教育会议，并不热烈参加；他们自
行发起国际和平教育运动，于 1927 年在伦敦
成立教育者团体之国际联盟。同时在日内瓦
国际联盟半公式的主持之下，也在捷克首都
举行"由学校的和平运动"之大会，各国政
府及和平主义之各团体皆派代表出席。前者
规定"由教育上之协作及全民族之协作以引
致世界和平"；"不要求为政治的或社会的形
态之任何约束"；"引导万国的儿童教育于全
民族相互之理解，是为永久的和平之绝对条
件"。后者决议"排除好战的排他的教材"；"由
于儿童之国际的交换以涵养友爱心及联带观
念"；"由自然科学及他国之地理历史教授等
以理解并养成人我平等之观念"。

　　至于教育劳动者国际则为反对战争之斗争的运动，其本名为世界语之 LaInternacis de Eduklaboristoj（英语则为 Education Worker's International），简称 Edukintern。早从 19 世纪之末，即 1870 年代，在欧洲各国教育者间已发起国际运动，渐次进展；因世界大战勃发，遂归消灭。然大战中始终一贯地反对战争，高唱自己的主张者仍有其人。那就是法国的"教育者协会"，它的机关低解放之学校为战时中法国内惟一反对战争之杂志。男女教师为鼓吹澈底的和平主义而受下狱，驱逐，解除等危害者甚多。至 1919 年，便发生组织教育劳动者国际之要求，翌年，就当法国教育者协会在法国南部都市波尔特开大会时正式成立；在 1924 年之不鲁塞❶大会，作成纲领规约。现已有十国设立支部，但会员团体，各国都有。全体会员数约达 80

　　❶　即"布鲁塞尔"。——编者注

190

万人。1928 年 4 月又正在德国莱比锡开过大
会。此地虽因限于纸数未能尽载其纲领规约，
但读者只要记得它在本质上是适与上述英美
派之国际和平教育运动相异就好。

九、近代中国的教育

上面讲中国教育史，至明代而至❶。自公
历 1644 年以后即入清代，至 1911 年发生辛
亥革命，改称中华民国，以迄于今。兹先略
述这时期的历史背景，然后再讲教育。

资本主义世界化与中国

自世界交通便利，产业发达以后，资本
家列强开始全地球之征服与分配，已如前述。
清朝自 17 世纪中叶代明而起，支配朝鲜、蒙
古、西藏、安南、国势甚盛。但至 19 世纪半，

❶　应为"止"。——编者注

为雅片❶问题与英国开战失败以来，列国之侵
略运动愈加露骨地发展；同时有东洋惟一新兴
资本主义国日本开始活跃，遂有 1894 年的中
日战争。民众对无能政府的弊政与外国资本
的榨取，也曾先后发生两次反抗运动，即所
谓太平天国与义和团是；但均为外力所压迫，
中国且完全沦于帝国主义侵略下的殖民地地
位。其后发生 1911 年之辛亥革命，推翻清室
而成立中华民国，又于 1926 年发生国民革命，
将军阀赶走；但国际资本主义之势力已进而支
配了中国之政治与经济；中国民众的革命力量
虽已膨胀，可是尚未足以完成"打倒封建势
力"与"打倒帝国主义"的工作；故压迫的中
华民族还待完全实行民权主义以获解放。

清季新旧教育的交替

自清代开始以至 19 世纪末期约 200 余年

❶ 即"鸦片"。——编者注

第五章　近代的教育 ‖

间的教育，仍沿前代旧制，不外学校与科举二者。而科举制度尤比明代为盛。要之，这都是帝王御用的教育，无甚可述。直至清季雅片战争以后，所谓"西学东渐"，于是教育界始有改革。

1842年（道光二十二年）因雅片战争的江宁条约成立，准开五口通商，由是基督教徒纷纷东来，传教设学；1862年北平设同文馆，其他各种近世式的学校也相继创立。至1898年（光绪二十四年）中日战争失败，光绪"立意维新""变法自强"，于是有兴学校，废八股，考试用时务策论，派满洲子弟出洋留学，翻译外国书籍，办报馆等等新事业。1900年发生义和团之变，清室受"蒙尘"之痛，至1901年遂又下上论将各省所有书院，在省城改设大学堂或高等学堂，在各府厅直隶州改设中学堂，在各州县改设小学堂；教科则以《四书》《五经》、纲常大义为主，以历代史鉴及中外政治艺学为辅。至1905年（光绪三十一年）完全废除科举，且设立学部，由是中国新教育才算正式确立。翌年，宣布教育宗旨：一忠君，二尊孔，三尚公，四尚武，五尚实。以后有预备立宪之诏，分年筹备教育事宜之单，分中学堂课程为文实二科，改初等小学堂修业年限五年为四年，且设中央教育会为学部最高咨询机关；至1911年武昌起义，清朝就即灭亡。要之，在这十余年间，实因受列强的侵略太甚，国内经济发生剧变，故虽专制腐败的清代政府，也不得不讲立宪，设新学了。

民国成立后的教育

在中华民国成立至今的17年间，国际有世界战争与俄国革命的大变，国内有"五四运动"与国民革命的发展，政治上之改革可谓剧烈。但教育上之改革如何？

名义上，在民国元年（1912 年）改学部为教育部，改学堂为学校，教育宗旨也改为"注重道德教育，以实利教育军国民教育辅之，更以美感教育完成其道德"。学校系统也加改订。在民国十一年（1922 年）颁布新学制，宣布七种新的标准：（1）适应社会进化的需要；（2）发挥平民教育的精神；（3）谋个性的发展；（4）注意国民的经济力；（5）注意生活教育；（6）使教育易于普及；（7）多留各地方伸缩余地。在新制学校系统中，职业学校占一正式地位；在教科中，将修身改称公民。这里最可注意的，便是文体的改变与职业教育的倾向；而其背景则为欧洲大战期中中国工商业的渐趋发达。

最近自 1926 年国民党"北伐"，成立国民政府，又设置大学院（1928 年 10 月又改称教育部），宣言教育行政学术化，并实行"党化教育"（今改称三民主义教育），民众教育，但尚未有确定的教育政策发表；姑举国民党中央执委四次全体会议宣言（1928 年 2 月）中关于教育方针者及国民政府训政时期施政宣言（同年 10 月）中关于教育建设者录之如下：

"……保障教育之独立，充实教育之内容，防止青年之恶化腐化，普及国民教育，提高民众知识，以造成健全之国民，……而对于女子教育尤须确认培养博大慈祥之健全的母性，实为救国保民之要图，优生强种之基础。……"……四次宣言。

"……普及三民主义之国民教育，充实中学以上教育之内容，注重学生体格之训练，提高实用科学之智识，使青年国民之身体精神皆有充分健全之发育，始克保证民族无穷之新生命。因此之故，凡智识未充，判断力未备，而身体发育尚未臻健全者，决不宜任其参加政治斗争与社会斗争而自趋于戕贼。……"……施政宣言。

这是中国对于教育最近的方针。

Chapter

第六章

06

结　论

第六章　结　论 ||

我们的教育史，写到这里为止。现在再概说几句，以作结束。

人类之教育，以文明时代为分界，在它的前与后有个极大的差异。在文明时代以前，大家共劳动，共消费，故教育是全社会的，是实践的，即劳动与教育相一致的。到了文明时代，奴隶制度最为发达，社会开始分出榨取阶级与被榨取阶级；奴隶制度即为榨取之第一形态；其次为中世之农奴制度（即封建制度）；最后为近世之工银劳动制度（即资本制度）；这三者为文明三大时期之三大隶属形态。"文明社会的总体是国家，而这种国家在所有典型的时期中皆是支配阶级的国家，

而且在一切时期中还是主要地为统治被压迫
被榨取阶级之机关。……用这种基本的制度，
文明已完成了为古氏族社会无论如何所不能
及的事物。但是这种文明，是靠人类最下劣
的情欲及本能之活动，且由牺牲了其他一切
禀赋以发达它们而后完成的。卑鄙的贪欲是
从第一日以至今日的文明之主动的精神；第一
是财富，第二是财富，第三还是财富；不是
社会的而是弱小的各个人的财富；这是文明
的惟一最终的目的。即使科学之向上的进步
以及时时返复的艺术之黄金期会落到文明的
膝下，那也不过为了没有它们则现代财富之
最高利益将不能获得罢了。文明的基础在于
一阶级之为他阶级所榨取，故它的全部发达
是在不断的矛盾中进行着。生产之一切进步，
即是被压迫阶级即大多数人的生活条件之退
步。一阶级的一切利益必然地为他阶级的害
恶；一阶级的一切解放即为他阶级的新的压

迫。……在野蛮人间几乎是没有权利与义务之差别的；但文明却使这两者间的差别变成非常明显。……因为现在对于一阶级差不多给以一切的权利，而对于他阶级却差不多课以一切的义务。"[1]

故人类历史自入于文明期，即社会有了阶级以来，教育终是阶级的；为供支配阶级之"御用"的；无论重道德（在封建时代）或重知识（在资本主义时代），都为了支配阶级的利益。"古来思想历史之所表示，不是精神的生产跟着物质的生产一起变质的吗？所以支配一时代的思想终只是那时代支配阶级的思想。"而男女教育机会之不平等，所有权与教育权之姻缘，理论与实践之隔离，"御用学者"之出现与"学问"之为贵族性，皆是文明社会之特征。教育原为求生之手段，为帮助生

---

[1] 原书注为恩格斯：《家庭私有制国家的起源》第九章。——编者注

活发展之工具，目的在保存种族，性质是全社会的；但今则用为维持支配者权力之手段，故这种教育是偏颇的。

但未来当怎样？人类的教育是否将永远如此？我可引用美国人摩尔根的话以作答，即以结束本书：

"自从文明开始以来，财产之增加如此广大，它的形态如此复杂，它的应用如此扩充，而它的管理为了所有者的利益又如此巧妙，故它对于民众已成为难以支御的权力。人类的精神在它自身的创造物之前，迷罔地站着。然一个时代终要来临，那时人类的理智将起而支配财产，且规定国家与国家所保护的财产之关系，以及所有者之义务与权利的眼界。社会的利害绝对地居于个人的利害之上位，而且两者必须引入于公正而调和的关系。如果同在过去时代一样，进步依然当为未来的

第六章　结　论 ‖

法则的话，那么，单单财富的追求并不是人类最后的运命。从文明发端以来所过去的时间，不过是人类生活过去持续期间之一断片；且也是未来当到临的年代之一断片。社会之解体可有终止那以财产为惟一最后目标的历史进路之希望，因这种样的进路，含有自己破坏的要素之故。政治上的民主主义，社会上的友爱，权利义务的平等，以及教育的普及，即为经验，理智，及知识所不断地倾向着的下一较高阶段的社会之前兆。它将是古氏族的自由平等及友爱在一个较高形态的复活。"❶

---

❶　原书注为引自《古代社会》552 页。——编者注

附　录

教育史参考书目

▲中文的

王凤喈著：《中国教育史大纲》

姜琦编：《西洋教育史大纲》

吴康译：《近代教育史》——F.P.Graves: A History of Education in ModernTimes.

庄泽宣译：《近三世纪西洋大教育家》——F.P.Graves:Great Educators ofThree Centuries.

郑梦驯译：《教育理想发展史》——M.I. Emerson:The Evolution of Educational

附 录

Ideals.

周焕文译:《中外教育史》

李大年译:《欧洲新教育》——E.M. Roman: The New Education in Europe.

大学院编纂:《全国教育会议报告》

舒新城编:《中国新教育概况》

舒新城编:《近代中国教育史料》

余家菊、汪德全编:《战后世界教育新趋势》

余家菊编:《英国教育要览》

周太玄编:《法国教育概览》

汪懋祖编:《美国教育彻览》

许崇清译:《苏俄之教育》——Education in Soviet Russia.

▲外国文的

Eden Paul and Cedar Paul:Creative Revolution, A study of Communist

Ergatocracy,1920.

Eden Paul and Cedar Paul: Proletcult (Proletarian Culture),1921.

Karl August Wittfogel: Die Wissenschaft dcr Burgerlichen Gesellschaft,1922.

Lucy L.W.Wilson:The New Schools of New Russia,1928.

志垣宽著:《リウユ丨トロシク新教育行》

仲宗根源和著:《劳动露西亚新教育の研究》

岛为男著:《阶级文化上教育の革命》

L.Trotsky:Problems of Life（系英译本）

附言：以上所举各书，有的虽是教育史，但编者的见地不一定正确；有的虽并不是教育史，但足使读者明了教育之"为何物"；因本丛书须列参考书一项，故略举如上。

编后记

李浩吾 (1895~1931)，原名杨贤江，浙江慈溪人。马克思主义教育理论家。1921 年，被商务印书馆聘为《学生杂志》主编。1922 年加入中国共产党，大革命时期杰出的青年运动领导人。大革命失败后，他转移到日本，边进行革命活动边从事社会科学和教育科学的研究及翻译工作。1931 年，因积劳成疾逝世，年仅 36 岁。

《教育史 ABC》是中国最早以马克思主义观点阐述的教育理论著作。该书系统阐述了世界教育发展史，认为教育起源于社会生产劳动的需要，并在生产劳动过程中发展起来；

但是到了阶级社会，教育同生产劳动相脱离，成为剥削阶级统治的工具；教育是上层建筑，同经济基础有依存关系，既受生产方式也受政治制度所制约，又对经济的发展、政治的变革起促进作用。

为方便读者阅读，本次整理，改竖排繁体为横排简体，对部分标点、格式进行了调整，并增加编者注。限于编者水平有限，错漏之处在所难免，恳请广大读者批评指正。

王颖超

2016 年 11 月